생각이 많은 10대를 위한

뜻깊은
세계사

생각이 많은 10대를 위한

뜻깊은
세계사

최은진 글 | 나수은 그림

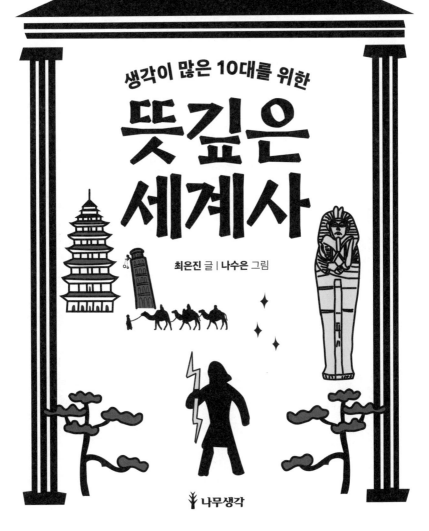

나무생각

머리말

　우리는 왜 역사를 공부할까요? 더 구체적으로는 왜 다른 나라의 역사를 공부해야 할까요? 한국 사람이면서 서양 중세사를 연구하는 역사가로서 수없이 들었던 질문입니다. 나의 어머니와 아버지, 할아버지와 할머니와 조상들의 삶은 내 삶과 맞닿아 있고 나라는 한 인간의 정체성을 형성하는 데 직접적으로 영향을 끼칩니다. 그러나 몇백 년, 혹은 몇천 년 전에 몇천 킬로미터나 떨어진 곳에 살던 이들의 삶까지 굳이 알아야 할 이유가 있을까요?

　스티븐 코비라는 작가는 자신의 책에서 이런 일화를 소개했습니다. 어느 날 저녁 그는 피곤한 몸을 이끌고 복잡한 지하철을 타고 있었습니다. 어느 역에서 한 아버지가 사내아이 두 명을 데리고 그가 탄 칸으로 들어왔습니다. 아이들은 이내 시끄럽게 떠들며 지하철 안을 뛰어다니기 시작했습니다. 아버지는 아이들을 제지하지 않은 채 그저 물끄러미 바라보고 있었고 승객들의 시선은 점점 아버지에게로 쏠렸습니다. 곧 작은 속삭임들이 들려왔습니다.

　"너무 배려가 없는 아빠네. 아이들을 너무 방치하는 게 아닐까? 누군가 이야기를 해야 할 것 같은데?"

　무척 피곤했던 터라 짜증이 났던 코비는 그 아버지에게 말했습니다.

"흠, 아이들이 너무 소란스러운데 좀 말려 주시면 안 될까요?"

그 말을 들은 아버지는 마치 그 아이들을 처음 본 것처럼 화들짝 놀라며 대답했습니다.

"아, 제 아이들이 너무 시끄럽군요. 제가 너무 경황이 없어서 미처 깨닫지 못했습니다. 사실 아이들의 엄마가 오늘 아침 병원에서 숨을 거두었습니다. 너무 갑작스럽게 일어난 일이라 이제부터 아이들과 제가 어떻게 살아가야 할지 전혀 모르겠습니다. 정말 죄송합니다."

그 말을 들은 순간 주변의 모든 사람들의 짜증과 화는 순식간에 사라졌고 오직 아버지와 아이들을 향한 이해와 연민의 시선만이 남았습니다. 상황 자체는 아무것도 변한 것이 없었습니다. 단지 그 상황을 바라보는 사람들의 감정이 달라진 것입니다.

실제로 이러한 일은 우리의 일상에서도 자주 일어납니다. 같은 상황이라도 왜 그런 상황이 생겼는지에 따라 우리의 생각과 판단은 달라집니다. 아무리 규율이 엄격한 학교의 무서운 선생님이라 해도 등굣길에 교통사고를 당해 다친 몸으로 늦게 학교에 온 학생에게 지각했다며 벌을 주지는 않겠지요. 이처럼 다른 사람의 행동이나 상황을 바라볼 때 그 사람이 어떤 인생을 살아왔는지, 어떤 배경에서 그러한 생각과 행동을 하게 되었는지를 미리 알 수 있다면 타인에 대한 이해의 폭은 한층 넓어질 것입니다.

우리는 이전과는 비교할 수 없이 좁은 세계에 살고 있습니다. 100여 년 전만 해도 몇 달이 걸려 갔을 거리를 채 하루가 되지 않는 시간에 쉽게 갈 수 있고 세계 각국에 어떤 일이 일어나고 있는지 인터넷을 통해 실시간으로 보고 들을 수 있습니다. 한 지역에서 일어나는 일은 다른 지역에 영향을 줍니다. 한 예로 최근에 일어난 러시아-우크라이나 전쟁으로 전 세계의 난방비가 올랐고 한국과 유럽을 오가는 여객기의 비행시간은 이전보다 2시간이나 늘어났습니다. 이렇게 서로 긴밀하게 영향을 주고받는 세계인들과 우리는 어떤 관계를 맺어야 할까요?

갑자기 좁아진 세계에서 서로 좋은 관계를 유지하기 위한 노력 중 하나는 다른 나라의 역사를 공부하는 것입니다. 이제 세계 어느 나라에 살든 서로 다른 문화권과의 접촉은 필수 불가결하며 다른 나라 사람들의 과거를 아는 것은 그들을 이해하는 데 도움이 됩니다. 우리와 다른 종교, 다른 가치관, 다른 삶의 배경을 지닌 이들의 서로 다른 삶의 방식과 태도를 낯설고 이질적인 것으로만 바라보면 이해의 폭은 좁아질 수밖에 없습니다. 그러면 충돌과 반목이 심해지고 서로를 경계하기 쉽습니다. 이는 갈등과 여러 형태의 전쟁으로 이어지고 이러한 갈등은 당사자들뿐 아니라 그들과 직접적인 관련이 없는 세계의 모든 사람들에게 영향을 끼칩니다. 그러므로 평화로운 공존은 지금 지구촌을 살아가는 모든 이들의 과제입니다.

그럼 역사는 어떻게 공부해야 할까요? 최초의 역사가라고 불리는 헤로도토스는 《역사Ἱστορίαι》라는 제목의 책을 썼습니다. 이 단어의 본래 뜻은 '조사하다' 혹은 '탐구하다'입니다. 역사가는 남아 있는 여러 가지 자료와 문헌들을 조사하고 과거에 어떤 일이 있었는지를 탐구하는 사람입니다. 역사가의 작업물은 여러 가지 용도로 사용되고 때로는 역사가의 의도를 벗어나기도 합니다. 그러나 역사 서술이 어떤 용도로 사용되든 좋은 역사가는 개인의 편견에서 벗어나 과거를 다양한 측면에서 바라보려고 노력합니다. 이전 시대에는 역사가들이 역사 전체를 관통하는 큰 흐름과 인류의 역사를 움직이는 숨겨진 동력이 있다고 믿고 그것을 찾아내는 것이 역사가의 의무라고 생각하는 경우가 많았습니다. 그러나 현대의 역사가들은 큰 흐름과 목적에 맞추기보다 가능한 한 많은 사실들의 파편을 모아 다양한 관점에서 과거의 사건들을 재구성하려 합니다.

인류의 역사는 개인의 역사의 집합체입니다. 내가 어떤 사람인지를 다른 사람에게 설명해야 한다고 가정해 봅시다. 요즘 우리나라에서는 MBTI가 매우 인기를 끌고 있지만 그 유형을 안다고 '나'라는 사람을 완전히 파악할 수 있을까요? 내가 어떤 사람인지는 어디에 사는지, 어떤 음식을 좋아하는지, 어떤 친구들과 어울리는지, 좋아하는 연예인은 누구인지 등등 '나'의 개성을 만들어 내는 수많은 요인들의 상호 작용으로 설명할 수 있습니다.

만약 이 요인들 중 단 하나만으로 나 자신의 모든 것을 설명해야 한다면 그것으로 충분하다고 생각하는 사람은 아마 한 명도 없을 것입니다. 한 사람을 제대로 이해하려 해도 다양한 측면에서의 이해가 필요한데 어떻게 몇천 년에 걸친 인류의 역사를 한두 가지만으로 파악할 수 있을까요? 또 우리의 실질적인 삶에서 일어나는 일들은 대부분 명확한 인과 관계가 없습니다. 개인이 어떤 결정을 할 때도 거기에 오직 하나의 이유만이 있는 경우는 드뭅니다.

따라서 지금의 역사학자들은 역사적 사건을 특정한 원인에 의한 결과라고 보지 않고 사건을 구성하는 여러 요소의 복잡한 관계 속에서 이해하려고 합니다. 그러다 보면 때로는 역사가의 설명이 너무 산만하고 지루하게 느껴질 수도 있겠지만 그것은 한편 인간의 본질이기도 합니다. 대중은 때로 명쾌하고 앞뒤가 딱 맞는 설명을 바라지만 역사가는 그러한 함정에 빠지면 안 됩니다.

물론 이렇게 신중을 기하더라도 역사가들의 결론이 항상 맞을 수는 없습니다. 그러므로 역사가는 언제든 비판을 받아들이고 자신의 생각이 틀렸음을 인정할 준비가 되어 있어야 합니다. 역사학은 남아 있는 자료들을 재구성해서 과거를 추론하는 학문이므로 새로운 증거가 드러나면 서술은 달라질 수 있습니다. 한 예로 헤로도토스는《역사》에서 이집트의 피라미드가 노예들에 의해 건설되었다고 주장했고, 오랫동안 그의 의견은 사실로 받아들여졌습니다. 그러나 최근의 고대 이집트 연구자들의 사료 연구로 피라미드를 건설한 사람들은 노예가 아닌 숙련 기술자와 임금 노동자였으며 보수를 받고 계약 기간 동안에만 일을 했다는 사실이 밝혀졌습니다.

최근 우리나라의 경우를 들어 보자면 유명한 루벤스의 그림 〈한복 입은 남자〉의 모델은 오랫동안 한국인 안토니오 꼬레아로 여겨져 왔습니다. 여러 가지 근거를 들어 그 주장을 뒷받침하는 역사학자들의 연구도 있었고 우리나라의 대통령이 미국 순방 중에 그 그림을 소장한 미술관을 방문하기도 했습니다. 그러나 2016년 그 그림의 실제 모델이 중국인 상인이라는 명확한 증거가 발견되면서 이전의 주장들은 모두 철회되었습니다.

이런 일들은 역사 연구 과정에서 비일비재하게 일어납니다. 그러므로 역사가는 자신의 주장에 대해 항상 열린 태도를 가지고 있어야 하며 역사를 읽는 사람들도 계속 새로운 연구 결과에 관심을 가져야 합니다. 물론 역사가가 완전히 객관화된 역사를 쓸 수 있는 것은 아닙니다. 역사가 개인 역시 자기 자신의 정체성을 구성하는 여러 편견에서 자유로울 수 없습니다. 그러나 적어도 역사가는 자신이 가진 편견을 인정해야 하고 다른 해석에도 개방된 자세를 유지하려고 노력해야 합니다. 이 책이 이러한 역사가들의 고민을 이해하고 여러분 개인과 여러분이 속한 사회의 경험을 뛰어넘어 보다 다양한 시각으로 세계를 바라보는 데 조금이라도 도움이 되기를 바랍니다.

인류 역사의 전 시대에 걸쳐 다양한 주제로 책을 쓰는 작업은 흥미로운 경험이었으나 수월하지만은 않았습니다. 원고 전체를 꼼꼼히 읽고 조언해 준 남편과, 엄마의 책을 읽고 싶어 한국어 공부를 다시 시작한 사랑스러운 딸 아인 그리고 무엇을 하든 늘 격려와 기도를 아끼지 않으시는 부모님께 가장 먼저 고마운 마음을 표현하고 싶습니다. '10대를 위한 세계사'라는, 이전에 생각지 못했던 매력적인 주제를 제안해 주신 출판사와 편집자께도 감사의 말을 전합니다.

차례

머리말 4

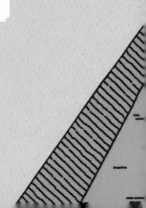

01

신화와 역사의 경계:

인류의
등장과
고대 문명

기록 이전의 역사

역사학은 본질적으로 기록에 바탕을 둔 학문이에요. 문자의 발명 이전에는 입에서 입으로 이야기가 전해졌고 문자가 상용되면서는 여러 종류의 기록들이 남아 역사가들이 과거의 삶을 재구성해 볼 수 있는 귀중한 사료가 되고 있어요. 그러면 이야기로도 문자로도 전해지지 않는 그 이전의 인간의 삶은 역사학의 연구 대상이 아닐까요? 그리고 역사가는 오직 남아 있는 기록들만을 가지고 역사를 연구해야 할까요? 사실 쉽지 않은 문제인데 흔히 선사 시대라고 불리는 문명 이전의 시대뿐 아니라 문명이 출현한 이후에도 오래전의 기록들은 그리 많이 남아 있지 않기 때문이에요. 지금까지 전해진 얼마 안 되는 문자 기록들만으로 고대 문명의 규모나 당시 사람들의 생각, 삶의 모습들을 제대로 이해하기는 어려워요. 그래서 현대의 역사가들은 전통적으로 역사 연구에 쓰였던 문서 사료뿐 아니라 자연 과학이나 고고학의 연구 성과들을 활용해 연구의 범위를 넓히려는 시도를 해요. 그렇다 보니 과학의 발전에 따라 유

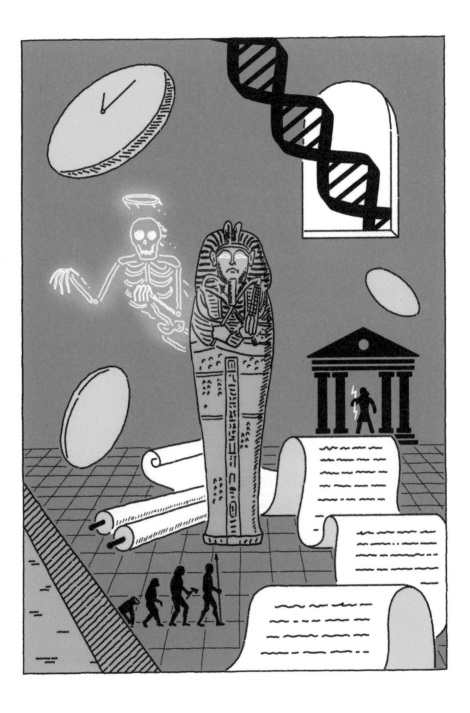

적과 유물이 새로 발견되거나 재평가되어 과거에 대한 지식과 관점을 바꾸어 놓는 일들이 지금도 계속 일어나고 있지요.

고고학자들의 연구에 따르면 현생 인류의 직접적인 조상이라고 할 수 있는 호모 사피엔스는 약 30만 년 전에 아프리카에서 처음 출현했어요. 호모 사피엔스는 현생 인류의 유전자 대부분을 구성하는 종이지만 인류의 유일한 조상은 아니에요. 2022년 노벨 생리의학상을 수상한 유전학자 스반테 페보의 유전자 게놈 연구에 따르면 현생 인류의 유전자에는 호모 사피엔스 외에도 네안데르탈인, 데니소바인 등 다른 종의 유전자가 섞여 있어요. 네안데르탈인은 약 40만 년 전에 아프리카를 떠나 유라시아 지역에 주로 거주하다 약 4만 년 전에 거의 멸종했는데, 호모 사피엔스가 약 8만 년 전 아프리카를 떠나 유라시아로 이주해 어떤 시점에 네안데르탈인과 섞였고 이들이 유럽인과 아시아인의 조상이 되었다고 해요.

그동안 아프리카에서는 네안데르탈인의 유전자가 발견되지 않아 아프리카인들에게는 네안데르탈인의 유전자가 섞여 있지 않다고 알려져 있었으나 2020년, 프린스턴대학 연구팀은 아프리카에서 발견한 현생 인류의 화석에 네안데르탈인의 유전자가 일부 포함되어 있다는 사실을 밝혀냈어요. 2000년대 초반까지도 호모 사피엔스가 이전의 다른 인류의 조상들을 멸종시키고 유일하게 살아남은 인간 종족이라는 학설이 우세했으나 이러한 연구들로 여러 다른 가능성들이 제기되고 있답니다.

초기 문명들의 발전

아프리카 대륙에서 출현해 전 세계로 흩어진 인류는 수렵, 채집하기 좋은 곳을 찾아 이동하며 생활했으나 약 1만 2000년 전부터 점차적으로 물이 풍부하고 비옥한 초승달 지역°을 중심으로 집단 정착지가 만들어졌어요. 가장 먼저 아프리카의 나일강, 메소포타미아 지역의 유프라테스강과 티그리스강을 중심으로 거주지가 형성되었고, 기원전 4000년경 초기 문명들의 기초가 세워지기 시작했지요.

'고대 문명'의 범주는 매우 넓어서 일반적으로 기원전 3500년경 최초의 도시와 국가가 출현한 이후부터 서로마 제국이 몰락하는 5세기까지의 긴 기간에 발전한 문명들을 모두 포함하지만 번성한 기간과 성격은 지역과 역사적 맥락에 따라 달라요.

아시아에서는 중국, 인도, 메소포타미아, 페르시아 지역에서,

○ 미국의 고고학자 제임스 헨리 브레스트가 1914년 처음 사용한 용어로, 남쪽으로는 이집트의 나일강 유역에서 시작해 북쪽으로는 지금의 튀르키예 남부에 이르고 서쪽으로는 지중해, 동쪽으로는 페르시아만에 접하는 초승달 모양의 지역을 가리킴.

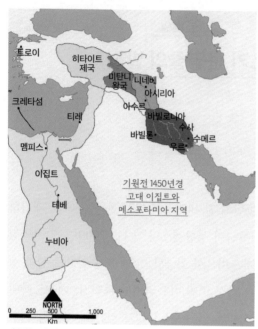

토로이
히타이트
제국
미탄니 니네베
왕국 · 아시리아
크레타섬 아수르 ·
바빌로니아
티레 수사 ·
멤피스 · 바빌론 · 수메르
우르 ·
이집트
기원전 1450년경
고대 이집트와
메소포타미아 지역
테베

누비아

NORTH
0   250   500   1,000
Km

비옥한 초승달 지역

아프리카에서는 이집트, 누비아 및 서아프리카의 여러 지역에서 도시를 기반으로 한 문명들이 발생했고, 아메리카 대륙에서는 아스테카, 잉카, 마야 문명이, 유럽에서는 그리스, 로마, 켈트 문명이 등장했어요. 이들 고대 문명들은 각기 다른 역사적, 지리적 맥락으로 인해 독특한 문화, 예술, 건축 양식을 발전시키며 다양한 사회, 정치, 경제 시스템을 구축했어요.

그러나 고대 문명들은 문자로 된 자료를 많이 남기지 않았을 뿐

아니라 남겼다 해도 해독
이 불가능한 경우가 많아
오랫동안 우리는 고대 문
명들에 대해 많이 알 수가
없었어요. 학자들은 지속
적으로 고대 문명의 비밀
을 풀기 위해 갖은 노력을
해 왔는데, 그중에서도 프
랑스의 학자 장 프랑수아
샹폴리옹이 '로제타스톤'
을 연구해 이집트의 상형

로제타스톤(영국 박물관 소장)

문자를 해독해 낸 이야기가 가장 유명할 거예요.

지금까지도 영국 박물관British Museum에서 가장 인기 있는 전시
물인 로제타스톤은 1799년 이집트에서 발견된 검은색 화강암 비
석으로, 기원전 2세기경 프톨레마이오스 5세의 치세에 만들어진
것으로 추정되고 있어요. 이 비석의 글귀는 상형 문자와 고대 이
집트어, 고대 그리스어로 새겨져 있었는데 각기 다른 언어지만 내
용은 같을 것으로 추측해 많은 학자들이 각 문자들을 비교해 상형
문자를 해독해 보려고 시도했으나 성공하지 못했어요.

1814년부터 로제타스톤의 비문을 연구하기 시작한 영국의 학
자 토머스 영은 비석에 새겨진 한 무리의 문자들이 프톨레마이오

스라는 이름을 의미한다는 사실을 밝혀냈고, 프랑스의 샹폴리옹은 많은 상형 문자들이 영어 알파벳과 같은 '표음 문자'임을 알아냈어요. 이 발견은 매우 혁신적이었는데, 이전의 많은 학자들은 이 상형 문자들이 그림 자체가 뜻을 가지는 '표의 문자'라고 생각했기 때문이에요. 이후에 연구는 한층 발전했고, 마침내 1822년에 샹폴리옹은 상형 문자를 읽는 방법에 대한 논문을 발표할 수 있었어요. 고대 이집트의 세계로 들어가는 창을 여는 암호가 드디어 해독된 것이지요.

현대 사회와 고대 문명

이집트의 상형 문자는 해독이 되었지만 인더스 문명의 하라파 문자처럼 아직 해독이 되지 않은 문자들도 있고 아예 문자 기록이 남아 있지 않은 고대 문명들도 있어요. 이처럼 기록물로서 알 수 있는 사실이 많지 않음에도 거대한 규모의 유적지와 예술 작품, 신화와 전설 속에 남아 있는 여러 이야기들은 고대 문명에 대한 사람들의 관심과 상상력을 자극했어요.

고대의 신화들은 여러 시대를 거치면서도 살아남아 많은 문학 작품과 대중 예술의 재료가 되었지요. 특히 올림포스산의 신들을 주인공으로 하는 그리스 신화는 호메로스의 《일리아스》와 《오디세이》 같은 서사시들, 그리스의 희곡 작품들과 로마 시대의 저작물들을 통해서 전 세계로 퍼져 나가 수많은 예술 작품에 영감을 주었어요. 이집트의 이시스와 오시리스 신화, 힌두교 경전 《베다》의 인도 신화들도 시대를 거듭하며 여러 형식으로 재생산되었고, 최근에는 북유럽 신화의 신들을 주인공으로 삼은 '마블 시리즈'나

남아메리카 신화를 바탕으로 한 애니메이션 영화들도 만들어지고 있어요. 컴퓨터 게임에서도 신화에서 모티브를 따온 캐릭터를 흔히 볼 수 있고요.

고대의 미스터리들은 현대인의 실제적인 삶에 영향을 끼치기도 해요. 한 예로 2012년에 유행했던 세계 멸망설을 들 수 있지요. 2012년에 세계가 멸망하지 않았다는 사실을 지금 우리는 알지만, 2012년 국제 여론 조사 기관인 입소스Ipsos에서 실시한 여론 조사에 따르면 당시에 전 세계 인구의 10%에 달하는 사람들이 곧 지구가 멸망할 것이라는 소문을 믿었다고 해요. 놀랍게도 이러한 공포의 근원지는 바로 고대 마야 문명이었어요.

마야 문명은 지금의 멕시코를 비롯한 중남미 여러 지역에서 기원전 2세기 무렵부터 시작된 고대 문명으로, 3세기에서 10세기까지 지속된 고전 시대에는 아메리카 대륙에서 가장 발전된 문명이었지요. 고대 마야인들은 놀라운 수준의 건축물과 예술 작품을 만들어 냈을 뿐 아니라 현대어와 비견될 만큼 미묘한 표현이 가능한 정교한 언어와 정확한 달력 시스템을 사용했어요. 특히 그들은 다양한 시간의 척도를 다루기 위해 여러 가지 달력을 만들었는데, 농경 주기를 기반으로 한 연간 달력뿐만 아니라 전체 주기가 5,126년 동안 지속되는 장기 달력Long Count calendar도 사용했지요. 바로 이 장기 달력의 주기가 2012년 12월 21일에 끝나며, 달력이 끝나는 시기에 세상의 멸망이 예고되었다는 소문이 퍼지면서 사람들은 반신반의

토르투게로 석판의 부조 조각(미국 메트로폴리탄 박물관 소장)

하면서도 두려움에 빠져들었어요. 2009년 개봉한 블록버스터 영화 〈2012〉는 마야 문명이 예고한 대격변으로 인류가 거의 전멸하는 내용을 담고 있어요.

사실 세계 멸망설의 근거가 된 마야 유물은 1960년대에 멕시코 남부에서 발견된 토르투게로 석판Tortuguero's Monument 6 단 하나였어요. 이 비문에는 다소 특이하게도 날짜가 상형 문자로 기록되어 있고 '마지막 날'에 대한 언급이 있는데 이 모든 소동은 바로 여기에서 비롯되었답니다. 이 석판은 7세기 초에 살았던 재규어 왕이라는 별칭을 가진 통치자 바흐람 아조의 생애 중 중요한 사건들을 기록한 것으로, 13번째 박툰(1박툰은 14만 4천 일) 말기에 신 볼론 요크테가 지상에 강림할 것을 예언하는 내용이 담겨 있어요. 이날이 마야식 계산법에 따르면 2012년 12월 21일인데 비문의 다음 부분, 즉 그 신이 무엇을 할 것인지 설명할 것으로 예상되는 부분은 파괴되었지만, 그가 전쟁과 관련된 신이고 한 세계의 종말과 다음 세계의 시작에 중요한 역할을 하는 신이므로 어떤 사람들은 이날이 세상의 종말을 의미한다고 추측했던 것이지요. 학계에서는 이 석판의 문구가 특별히 세상의 끝을 의미하는 것이 아니라 한 해가 가고 다음 해가 오듯이 그저 한 시대가 끝나고 다음 시대가 오는 것을 의미하는 것이라는 견해가 지배적이었지만, 멸망설을 믿은 많은 사람들은 결국 그날이 아무 일도 없이 지나갈 때까지 긴장하며 시간을 보냈어요.

한편 고대의 유물이 현대에 직접적으로 영향력을 행사한다고 믿은 사람들도 있는데 대표적인 예로 유명한 '투탕카멘의 저주'가 있어요. 투탕카멘은 기원전 1332~1323년경에 이집트를 통치한 파라오인데, 불과 18세의 나이에 죽었어요. 그가 이집트를 다스린 기간은 10여 년에 불과했고 전체 이집트 역사에서 그의 역할은 그렇게 대단했다고는 할 수 없지요. 그러나 지금 누군가에게 이집트의 파라오 이름을 하나만 대라고 하면 가장 먼저 떠오르는 이름은 아마 투탕카멘일 거예요. 그는 어떻게 그렇게 유명해졌을까요? 간단히 말하자면 도굴되지 않은 온전한 무덤이 발견되었기 때문이에요.

1922년 영국의 고고학자 하워드 카터는 '왕들의 계곡°'에서 이 젊은 왕의 무덤을 발견했어요. 무덤은 놀라울 정도로 잘 보존되어 있었고 다양한 보물로 가득 차 있었으며, 고대 이집트 문화에 대한 귀중한 단서들을 제공해 주었지요. 그러나 무덤이 발견된 다음 해 탐험의 재정적 후원자이며 카터와 함께 발굴 작업에 참여했던 카나번 백작 조지 허버트가 갑자기 죽었고, 그 외에도 발굴 작업과 관련된 사람들이 잇달아 세상을 떠나면서 소위 '파라오의 저주'에 대한 소문이 퍼지기 시작했어요.

언론은 이러한 사건을 선정적으로 보도하면서 저주에 대한 두려움을 더욱 확산시켰어요. 20세기 초 영국은 과학의 발전이 빠른 속도로 이루어지고 있었으나 신비주의적 사고에 기반을 둔 신지학이 유행하는 등 과학의 세계와 초자연의 세계에 대한 관심이 양립했어요. 이성적이고 과학적인 조사 방법으로 유명한 셜록 홈즈라는 명탐정을 창조해 낸 작가 코넌 도일조차 그들의 죽음이 파라오의 저주에 의한 것이라고 확신했답니다.

그럼 과연 파라오의 저주는 실재했을까요? 2002년 오스트레일리아의 학자 마크 넬슨은 1934년 이집트 학자 허버트 윈록이 조사한 자료를 참고해 이 저주 이론을 검증했어요. 윈록은 무덤이 열렸을 때 그 자리에 있었던 24~26명 중 단 6명만이 10년 이내에

○ 나일강 상류 서안에 위치한 이집트 신왕국 시대(기원전 1539~1075년경) 파라오들의 집단 매장지.

사망했다는 사실을 발견했고, 넬슨은 남은 이들의 이후 행적을 여러 자료를 통해 추적했어요. 하워드 카터는 카나번 백작이 사망한 후 약 16년 뒤에 64세의 나이로 세상을 떠났고, 파라오의 시신을 부검하는 가장 심각한 모독을 저지른 더글러스 데리는 87세까지 살았어요. 넬슨은 카터가 남긴 기록에 기반하여 저주에 노출되었을 가능성이 가장 높은 25명을 조사했는데, 이들의 평균 사망 연령은 70세였어요.

최근 들어 최신 과학 기술을 도입한 새로운 연구들이 고대 문명에 관한 새로운 사실들을 속속 밝혀내고 있어요. 특히 라이다 Lidar 기술°을 이용한 유적지 연구는 고대 도시의 규모와 정확한 위치를 밝혀내는 데 큰 도움이 된답니다. 2017년 개봉한 영화 〈잃어버린 도시 Z〉는 한 고고학자의 실화를 바탕으로 한 이야기예요. 영화 〈인디아나 존스〉의 실제 모델이라고도 하는 고고학자 퍼시 포셋은 1906년부터 볼리비아와 브라질 국경의 정글 지역 지도를 만드는 작업에 참여했고 아마존 정글 지역에 문명이 있었다고 주장했어요.

그러나 사람들은 빽빽한 정글 속 원주민들만이 드문드문 살고 있던 그 지역에 도시 문명이 있었다는 말을 믿지 않았고, 1925년 그는 자신의 가설을 증명하기 위해 직접 문명의 증거를 찾으러 갔

○ 비행기에서 레이저 빔을 물체에 전송하고 빛이 송신기로 돌아오는 데 걸리는 시간을 측정해 물체까지의 거리를 측정하는 기술.

다가 실종되고 말았어요. 그러나 최근 항공 라이다 관측 기술이 고고학 연구에 이용되면서 2022년 독일의 고고학자들은 볼리비아 내 아마존 지역에서 다수의 사람들이 밀집해 살았을 것으로 보이는 거대한 정착지 흔적을 발견했어요. 포셋이 자신의 이론을 검증하기 위해 아마존의 정글에 다시 들어간 지 거의 100년 만의 일이에요. 또한 2023년 5월 옥스퍼드대학의 연구진은 고대 아카드어 설형 문자를 해석하는 인공지능 프로그램을 개발해 학계에 보고하기도 했어요. 아직도 고대 문명의 신비는 더 밝혀질 것이 많이 남은 듯해요.

02

십자가와 초승달:

크리스트교
세계와
이슬람
세계의 형성

유럽 크리스트교 세계의 형성

로마 제국은 정복지의 다양한 종교를 포용하는 것으로 유명했으나 4세기경에 배타적인 유일신을 섬기는 크리스트교를 국교로 정했어요. 크리스트교의 창시자인 예수는 유대인이었고 크리스트교는 유대교와 구약 성서를 공유하는 등 많은 부분이 유사했지만, 혈통을 강조했던 유대교와는 달리 예수의 가르침을 따르는 사람들을 모두 받아들였어요. 이 새로운 종교는 로마 전역에 빠른 속도로 확산되었고 네로 황제와 디오클레티아누스 황제 시대의 대규모 박해를 이겨 내고 결국 테오도시우스 1세 때는 로마의 국교가 되었지요. 로마 제국은 395년 테오도시우스 1세의 사망 후 동로마와 서로마로 분열되었고 서로마는 476년 게르만의 용병 대장 오도아케르에 의해 멸망했어요. 이후 여러 이민족이 그 땅을 차지하면서 서로마 제국은 여러 개의 게르만족과 켈트족 왕국으로 대체되었어요. 그중 많은 부족이 크리스트교를 받아들여 자신들의 전통과 크리스트교 신앙을 혼합해 나라를 세웠고 그러한 가운데 교회는 로마 제국 이후 유럽을 통합하는 세력으로 부상했어요.

수도 콘스탄티노플의 옛 명칭인 비잔티움의 이름을 따서 비잔티움 제국이라고도 불리는 동로마는 서로마의 멸망 이후에도 1453년 오스만 제국에 의해 멸망할 때까지 1,000년 가까이 더 지속했고 페르시아 제국 및 여러 이슬람 제국들과 맞서며 크리스트교 세계를 지켜 냈어요. 527년에 비잔티움 제국의 황제로 즉위한 유스티니아누스 1세는 사법 개혁을 실시하고 법률을 정비해 《유스티니아누스 법전》이라는 법률집을 편찬했는데, 이는 서유럽에 전해져 많은 유럽 국가에서 법전의 기초가 되었고 오늘날에도 여러 나라의 법률에 영향을 주고 있어요. 또한 그는 옛 로마 제국의 영토를 수복해 로마 제국을 재건하려는 시도를 했고, 북아프리카를 시작으로 이탈리아, 에스파냐 남부를 차례로 점령해 비잔티움 제국 최대의 영토 확장을 이루었어요. 한편 현재까지도 비잔티움 건축의 상징으로 남아 있는 아야 소피아를 새로 짓는 등 건축 사업에 힘썼으며 동서 교회의 신학적 입장을 일치시키기 위해 노력했어요. 그러나 이러한 비잔티움 제국의 전성기는 오래가지 못했어요.

536년 여름부터 의문의 안개가 유럽, 중동, 아시아의 일부 지역을 뒤덮어 18개월 동안 밤낮으로 어둠이 가시지 않았어요. 비잔티움의 역사가 프로코피우스에 따르면 이 시기에는 태양이 1년 내내 달 정도의 밝기로 빛났다고 해요. 536년 여름의 기온이 예년보다 1.5~2.5℃ 가량 떨어지면서 농작물이 제대로 자라지 못했고 사람들은 굶주렸는데 아일랜드의 연대기에도 536~539년 사이 빵이 부족했다는 기록이 남아 있어요. 그리고 541년부터 시작된 '유스티니아누스 역병'이라 불리는 치명적인 전염병의 유행으로 비잔티움 제국의 인구는 절반 가까이 줄었고, 급격한 인구의 감소로 군대의 유지와 국가의 방위도 어려워졌어요. 또한 농업과 무역의 붕괴로 세금 수입이 크게 줄어들어 국가의 행정 조직도 제대로 작동하지 못하는 상황이 되었어요.

역사학자들은 당시의 여러 기록을 통해 6세기 중엽에 말 그대로 '암흑기'가 있었다는 사실을 알았지만, 그 구름이 어디서 왔는지는 오랫동안 수수께끼였어요. 그 원인은 2018년에야 밝혀졌는데, 빙하학자 폴 메이에프스키와 중세 역사학자 마이클 맥코믹이 함께한 연구팀은 스위스 빙하의 얼음을 초정밀 분석해 범인을 찾아냈어요. 연구팀은 536년 초에 아이슬란드에서 발생한 대규모 화산 폭발로 분출한 화산재가 북반구 전역을 뒤덮었다고 보고했어요. 이러한 대규모 화산 폭발은 화산이 있는 지역뿐 아니라 넓은 영역에 기후의 변동을 가져오는데, 화산 폭발 후 성층권에 쌓인 화산재는 지구 표면에 도달하는 햇빛을 제한해 기온을 낮출 수도 있어요. 그러므로 프로코피우스가 관찰한 의문의 구름은 화산재였고 결국 그 화산재가 흉년과 역병에 일말의 책임이 있다는 것이지요.

이처럼 중세 연대기의 기록과 최신 과학 기술을 결합시킨 연구는 이후에도 계속 이어지고 있어요. 2023년 제네바대학교를 중심으로 한 국제적 연구팀은 《네이처Nature》에 발표한 논문에서, 12세기 및 13세기 유럽과 중동의 연대기 기록과 빙산에서 추출한 얼음 코어 및 나무의 나이테 데이터를 결합해 이 시기에 일어난 대규모 화산 폭발의 정확한 연대를 밝혀냈어요. 연구진은 개기 월식을 묘사한 기록을 찾기 위해 5년에 걸쳐 유럽과 중동 전역의 수백 개의 연대기 및 기록들을 조사했어요.

중세 연대기 작가들은 왕과 교황들의 행적, 중요한 전투, 자연 재해와 기근 등 역사적 사건을 두루 기록했는데 천체 현상은 재앙을 예고한다고 여겼기 때문에 특히 자세히 묘사했지요. 수도사들은 핏빛 붉은 달에 관한 종말의 환상을 담은 〈요한계시록〉을 염두에 두고 달의 색깔에 특히 주목했어요. 1100년에서 1300년 사이 유럽에서 발생한 총 64건의 월식 중 51건의 월식이 기록으로 남아 있는데 그중 5건에서는 달이 유난히 어두웠다고 기록되어 있어요.

그러면 월식 때 달이 유난히 어둡게 보이는 이유는 무엇일까요? 일반적으로 개기 월식 때 달은 지구 그림자에 가리지만 대기에 의해 지구를 휘감아 도는 햇빛을 받기 때문에 붉은색으로 보여요. 하지만 대규모 화산 폭발 후에 성층권에 먼지가 너무 많이 쌓여 태양빛이 가려지면 달이 거의 보이지 않을 수도 있어요. 기록을 조사하던 학자들은 그 어두운 월식이 모두 주요 화산 폭발이 일어난 지 1년 정도 이내에 일어났다는 사실을 밝혀냈어요.

이슬람 세력의 확장과 발전

한편 7세기 아라비아반도에서는 이슬람이라는 새로운 종교가 등장했어요. 아라비아반도의 베두인족은 그들의 조상이 유대인들의 조상 아브라함의 또 다른 아들인 이스마엘이라고 믿었지요. 570년경 아라비아반도 중부의 메카에서 태어난 무함마드는 40세 무렵 히라산의 어느 동굴에서 천사 가브리엘의 계시를 받고 유일신에 대한 완전한 복종만이 올바른 삶의 방식이며 자신은 조상 아브라함과 이스마엘처럼 선지자이자 신의 말씀의 전달자라고 설교하기 시작했어요.

그의 추종자들은 점차 수가 늘어났으나 메카의 다신교도들로부터 박해가 계속되자 622년 무함마드는 신도들과 함께 메카에서 메디나로 이주했어요. 이 이주 사건을 '헤지라'라고 하는데 무슬림들은 이 사건을 중심축으로 이슬람의 역사가 전환점을 맞았다고 보고 이슬람 달력에서 시대를 나누는 기원으로 삼았어요.

따라서 이슬람 달력의 시대는 헤지라 이전과 헤지라 이후로 나뉘어요. 메디나에서 세력을 더 키운 무함마드는 비잔티움 제국과 페르시아 제국, 중국과 예멘의 통치자들에게 사절을 보내 이슬람의 존재를 알리고 개종을 권하기도 했는데 그들 중 오직 당의 황제만이 이 새로운 종교에 호의적인 태도를 보였다고 해요. 629년 12월 무함마드는 1만여 명의 무슬림 군대를 모아 메카로 진군했고 거의 유혈 사태 없이 도시를 점령했어요. 632년 그가 사망할 무렵 아라비아반도의 대부분은 이슬람교로 개종했어요.

이후 이슬람 세력은 중동, 북아프리카, 유럽의 이베리아반도, 중앙아시아 일부 지역을 포함한 광대한 영토를 정복하며 빠르게 확장했어요. 사막에 퍼져 있는 이슬람 도시들은 빽빽하게 들어선 유럽의 크리스트교 도시들보다 전염병의 피해를 더 성공적으로 피할 수 있었고, 낙타와 말로 이루어진 카라반°은 도시들을 잇는 사막의 무역로를 따라 페르시아인, 아랍인, 북아프리카인, 인도인, 심지어 중국 변방의 부족들을 하나의 신앙으로 통합하는 연결고리가 되었어요. 같은 시기의 서유럽이 남쪽으로는 이슬람 세력, 서쪽으로는 대서양, 동쪽으로는 비잔티움 제국에 막혀 고립된 상태에서 독자적인 종교와 문화를 발전시킨 데 비해 이슬람 세계는 다양한 문명과 접경해 문물을 빠르게 받아들이고 유럽, 아시아, 아프리카를 연결하는 활기찬 무역의 중심지가 되었어요. 실크로드의 발전 역시 이슬람 상인들이 기여한 바가 컸답니다.

○ 사막이나 기타 위험한 지역에서 상호 보호를 위해 함께 여행하는 상인, 순례자 또는 여행자 그룹.

또한 이 시기의 이슬람 세계는 위대한 지적, 문화적 성취를 이루어 이슬람의 소위 황금시대를 열었어요. 그들은 그리스와 로마의 저작들을 보존하고 번역해 지식의 보존과 전승에 기여했고, 바그다드, 코르도바, 카이로와 같은 대도시의 학자들은 수학, 천문학, 의학, 철학 등의 분야에서 상당한 발전을 이루었어요. 또한 이슬람 율법인 '샤리아'에 기반한 독특한 통치 시스템을 개발했는데 이슬람 세계의 통치자인 칼리프와 술탄은 세속적 권위와 종교적 권위를 모두 가지고 통치했어요.

프랑크 왕국과 알안달루스

이슬람 세계가 황금기를 구가하고 비잔티움 제국이 계속되는 전쟁에 시달리는 가운데 서유럽에서는 여러 이민족 왕국들이 자리를 잡고 안정기에 접어들었어요. 그중 가장 번성한 왕국은 프랑크 왕국이었는데 프랑크 왕국의 카롤루스 대제는 여러 게르만 부족을 통합하고 영토를 확장해 오늘날 프랑스, 독일, 이탈리아 및 네덜란드와 체코에 걸친 넓은 지역의 통치자가 되었어요.

800년 12월 25일 교황 레오 3세는 성베드로대성당에서 성탄 축하 미사를 집전하던 중 카롤루스에게 왕관을 씌워 주며 이제 그가 서로마의 황제가 되었다고 선언했어요. 서로마의 황제가 된 카롤루스 대제(샤를마뉴)는 정복한 여러 부족들을 크리스트교 교회와 신앙 아래 통합하려 했고 지식인들 사이에서 라틴어 사용을 재개하는 문화 부흥 운동을 후원했어요. 라틴어의 부흥으로 고전 문학과 문헌들이 재조명되었고, 세속적 주제와 종교적 주제를 모두 가르치는 교육 시스템이 만들어져 국가와 교회가 유기적 관계를 가지고 서로 협력하는 데 도움이 되었어요. 이는 옛 로마 제국을 복원하려는 황제의 열망을 반영한 것이기도 했지요.

그러나 크리스트교 세력이 유럽의 모든 지역을 통합했던 것은 아니에요. 711년 북아프리카에서 지브롤터 해협을 건너온 이슬람 군대는 곧 당시 서고트인들이 차지하고 있던 이베리아반도의 대부분을 정복했어요. 그들은 이 지역을 알안달루스Al-Andalus라고 불렀는데 이는 현재 에스파냐 남부 지역의 지명인 안달루시아의 어원이 되었어요. 앞서 살펴본 바와 같이 8~10세기의 이슬람 세계는 세력을 확장해 문명의 황금기를 누리고 있었고 10세기에 알안달루스는 유럽에서 가장 부유하고 강력한 나라가 되었어요. 비록 이슬람 세계의 서쪽 변방에 위치하고 있었지만 무슬림의 의무인 하지(메카와 메디나로의 성지 순례)와 번창했던 무역업은 지중해의 양쪽 끝을 긴밀하게 연결했고 당시 유럽에서 두 번째로 큰 도시였던 코르도바는 지중해 지역과 이슬람 세계의 주요 문화 및 경제 중심지 중 하나가 되었어요. 수학, 천문학, 농학, 의학과 약리학 등 다양한 학문이 발전했고 4,000여 권의 방대한 장서를 보유한 도서관이 세워졌어요.

전성기에는 수백 개의 공중 목욕탕과 훌륭한 상수도 시설을 갖추었고, 태양, 달, 별들을 보고 경도의 위치를 결정하는 천문 관측 도구 '아스트롤라베'를 사용하는 전문가들을 영입하면서 당시 이슬람 문화의 중심지였던 바그다드에 견줄 만한 지적 성취를 이루었어요. 당시 아스트롤라베는 점성술에서 건축, 항해에 이르기까지 모든 분야에 활용되는 장치였는데, 어떤 사람들은 이를 현대의 컴퓨터나 스마트폰에 비유하기도 해요. 이슬람의 학문이 알안달루스를 통해 다른 유럽 국가들에 전해지면서 아스트롤라베도 함께 전해졌고 이는 새로운 자연 과학의 상징이 되었어요.

1085년 크리스트교 군주 알폰소 6세가 알안달루스의 톨레도를 점령하면서 코르도바와 바그다드에서 가져온 수많은 책과 필사본들이 빠른 속도로 전 유럽에 전해졌어요. 알안달루스는 다양한 분야에 중요한 공헌을 한 철학자, 학자, 과학자들의 고향이기도 했는데, 서유럽에도 잘 알려진 이븐루시드(아베로에스)와 이븐시나(아비센나)와 같은 학자들은 이슬람 사상과 고전 그리스 철학, 특히 아리스토텔레스의 사상들을 통합해 철학과 의학 분야에서 발군의 성과를 거두었어요. 이들의 저작을 통해 던스 스코터스와 토마스

1282년 제작된 아스트롤라베 ⓒMustafa-trit20

아퀴나스 등의 신학자들은 아리스토텔레스의 사상을 크리스트교 철학에 접목시키는 아이디어를 얻었고, 12세기 이후 서유럽에 대학이 설립되고 학문이 발전하는 데는 이들의 영향력이 매

우 컸답니다. 알안달루스라는 라이벌 이슬람 세계가 존재하지 않았다면 이러한 귀중한 지식들이 크리스트교 세계에 전해지기까지는 몇백 년이 더 걸렸을 수도 있어요.

종교적으로 엄격했던 북쪽의 크리스트교 왕국들과는 달리 이 이국적인 왕국은 매우 관용적인 곳이었고 무슬림 통치자들의 지배 아래에 있었으나 인구의 대부분은 크리스트교인들이었어요. 이 지역은 이합집산과 배반의 땅이기도 했는데 근방의 크리스트교 도시들도 분쟁이 일어나면 때로 무슬림 통치자의 지원을 받았고 이슬람 왕국도 크리스트교인들과 동맹을 맺었어요. 심지어 중세 무훈시에 등장하는 위대한 크리스트교 전사 영웅 엘 시드도 보수만 충분하다면 때때로 무슬림 왕들을 위해 싸웠다고 해요. 1492년 마지막 이슬람 세력이 항복하고 완전히 크리스트교 세계에 편입될 때까지 알안달루스는 진정한 다문화 사회를 구가했고, 유럽과 지중해 주변 지역의 주요 교육 중심지이자 이슬람 세계와 크리스트교 세계 간의 문화 및 과학 교류의 통로 역할을 했어요.

03

다시 열린 세계의 문:

십자군 전쟁의 유산

십자군 전쟁의 현대적 의미

2016년 겨울, 아랍권을 대표하는 방송사인 카타르의 알 자지라 네트워크는 자체 제작한 십자군 전쟁에 관한 4부작 다큐멘터리를 방영했어요. 해설자는 다음과 같은 내레이션으로 다큐멘터리를 시작했어요.

"동서양 분쟁의 역사에서 크리스트교와 이슬람 간의 가장 치열한 전투, 종교의 이름으로 벌어진 거룩한 전쟁, 처음으로 아랍인의 관점에서 본 십자군 전쟁 이야기."

제4부의 마지막 내레이션은 이렇게 끝나요.

"십자군 전쟁은 수세기 전에 끝났지만, 이 역사의 한 장을 장식한 사건의 영향력은 지금 세계에도 살아 있습니다. 실제로 수백 년 동안 예루살렘을 중심으로 한 바로 그 땅에서 투쟁은 계속되고 있습니다."

십자군 전쟁은 1096년부터 약 200년에 걸쳐 서유럽의 크리스트교 국가들에서 모집된 군대가 여러 번에 걸쳐 성지 예루살렘을 중심으로 한 레반트 지역°의 이슬람 국가들과 벌인 군사 원정을 의미해요. 지금으로부터 무려 800여 년 전에 일어난 일이지만 많은 사람들은 현대의 서방 국가들과 이슬람 국가 간의 정치적 긴장이 (적어도 부분적으로는) 수세기 전 유럽의 십자군과 중동의 무슬림들 사이에 일어난 이 사건과 연결된다고 생각해요. 앞에서 소개한 알 자지라의 다큐멘터리 〈처음으로 아랍인의 관점에서 본 십자군 전쟁 이야기〉 역시 입장은 다르나 비슷한 관점을 갖고 있다고 할 수 있어요. 그러나 역사 속의 십자군 전쟁은 13세기 이후로 계속되지 않았고 십자군이 세운 국가들은 오래전에 모두 사라졌으며 유일하게 십자군의 명맥을 유지하며 아직까지 활동 중인 몰타 기사단은 이제 자선 사업에 전념하고 있어요.

그러면 십자군 전쟁과 현대의 갈등 상황을 잇는 연결 고리는 누가 어디에서 가져온 것일까요? 이는 십자군 전쟁 사건이 있은 후 무려 500여 년이 지난 18세기 이후에 형성된 유럽 중심주의 및 이슬람 중심주의와 관련이 있어요. 19세기에 들어와 낭만주의의 유행과 열정적인 크리스트교 선교 활동, 제국주의의 확산 등으로 특징지어지는 사회적 분위기에서 십자군 전쟁은 문명과 문명 간의 대충돌로 여겨졌어요.

전 세계를 문명화시키는 것이 역사적 사명이라고 생각한 식민

○ 지중해 동쪽 연안 지역으로 지금의 시리아, 레바논, 팔레스타인, 요르단 그리고 이집트의 일부를 포함함.

주의자들은 십자군 전쟁을 프랑스와 영국이 북아프리카와 서아시아에 개입해야 하는 당위성을 설명하기 위한 논거로 사용했어요. 반대로 무슬림 정치 지도자들과 학자들은 십자군 전쟁을 유럽 식민주의와 연결시켜 십자군이 저지른 만행을 강조하며 십자군 전쟁은 종교적 편견과 종교적 수사로 위장한 경제적 이유 때문에 한 종교와 문명을 말살하려는 시도였다고 주장했어요. 그리고 제국주의 세력의 침략을 그대로 방치하면 무슬림들은 중세 조상들과 같은 굴욕적인 운명을 맞이할 것이라고 경고했지요.

　이러한 주장을 하는 사람들은 십자군 전쟁을 각자가 생각하는 대의에 맞게 해석해 선전 도구로 사용할 뿐 실제 십자군 전쟁이 어떻게 전개되었고 200년에 가까운 긴 기간 동안 어떤 변화가 일어났는지는 생각해 보지 않는 것 같아요. 그러나 십자군 전쟁이 일어났던 당시를 살았던 사람들의 삶의 모습과 사고방식은 훨씬 더 다양했답니다.

십자군 전쟁의 동기

잘 알려진 바와 같이 십자군 전쟁은 1095년 11월 교황 우르바누스 2세가 클레르몽 회의에서 이슬람 세력에게 점령당한 성지를 회복하고 어려움에 처한 동방 교회를 도와야 한다고 호소하면서 촉발되었어요. 우르바누스 2세는 이 전쟁이 신의 뜻이고 가난한 자나 부유한 자나 계급을 막론하고 모든 크리스트교인들의 사명이라고 강조하며 화려한 상품을 걸었어요. 교황은 "육지에서나 바다에서나 이교도와의 전투에서나 오고 가는 길에서 죽는 모든 사람은 즉시 죄 사함을 받게 될 것입니다."라고 선포했는데, 당시에 죄 사함을 받는다는 것은 바로 천국에 갈 수 있다는 말과 같았고, 이는 아마 교황이 약속할 수 있는 최대의 보상이었을 거예요.

1096년부터 1291년까지 8번의 공식적인 대규모 원정대와 많은 소규모 원정대가 약속의 땅으로 떠났어요. 1099년에 예루살렘을 정복한 이후 그 근방에는 예루살렘 왕국을 포함한 네 개의 십자군 국가가 세워졌고 12세기 초반까지 십자군 국가들은 계속해서 영토를 확장해 오늘날의 이스라엘과 요르단, 시리아와 레바논, 튀르키예 일부를 포함하는 광활한 영토를 차지하게 되었어요. 동시대 사람들은 이들을 통틀어 '바다 너머의 땅'이라는 뜻의 '우트르메르'라고 불렀지요. 그러나 무슬림들의 저항과 반격이 거세지면서 고립된 이 위성 국가들은 곧 압박을 받게 되었고, 1291년 십자군이 세운 예루살렘 왕국의 중심 도시 아크레가 이슬람 세력에게 함락된 이후 다시 원정은 없었어요.

십자군 전쟁은 당시 유럽에서는 왕과 기사들뿐 아니라 수많은 농민들과 도시 빈민들, 심지어는 여성들과 어린이들까지 참여한 대사건이었어요. 그 많은 사람들이 어떤 이유에서 이 길고 위험한 원정에 기꺼이 뛰어들었는지는 아직도 역사가들 사이에 계속 논쟁이 되고 있는 주제예요. 물론 종교적 열정은 주요한 동기 부여 요인이었어요. 죄로 인해 지옥에 떨어지는 것을 매우 두려워했던 중세 유럽인들은 교황이 제시한 죄 사함의 약속을 매우 매력적으로 여겼고 많은 사람들은 그리스도의 적을 물리치는 것으로 세상에서 지은 죄를 속죄해야 한다고 진정으로 믿었어요.

그러나 그 이면에는 시대를 초월한 인간의 본능, 즉 빨리 부자가 되고자 하는 욕구 또한 자리 잡고 있었어요. 물론 교회는 십자군이 원정으로 물질적 이득을 얻을 수 있다고 약속하지 않았고 이 땅이 아니라 다음 세상에서 보상을 기대해야 한다고 가르쳤어요. 그러나 제1차 십자군이 이슬람 도시들을 점령하며 많은 전리품을

얻었다는 소문이 전해지면서 재정적 보상의 가능성은 개인이 십자군 원정에 참여하는 강력한 동기 중 하나가 되었지요.

또한 새로 건국된 십자군 국가들이 지중해 세계와 먼 인도 및 중국 시장을 연결하는 무역의 거점 역할을 할 수 있다는 사실을 깨달은 제노아, 피사, 베네치아와 같은 도시 국가들은 그들의 해군력을 이용해 십자군 전쟁에 참여했어요.

이러한 이면의 욕구가 가장 잘 나타난 예는 아마 1202년의 제4차 십자군 원정일 거예요. 제4차 십자군(1202~1204년)은 성지에 가는 대신 지나는 길목의 마을들을 약탈하고 우방인 비잔티움 제국의 수도 콘스탄티노플을 점령해 버렸거든요. 그 외에도 자신의 능력과 용기를 증명해 보이기 위해, 정착을 하고 새로운 삶을 꾸릴 땅을 찾아서, 단지 지루한 삶에서 벗어나기 위한 모험심으로 수많은 사람들이 이 여정에 함께했어요.

무슬림들이 바라본 십자군

그 외에도 십자군 전쟁의 참가자들에게는 개인마다 다양한 동기가 있었으나 어떤 동기에서 참여했든 서유럽 세계에서 십자군 전쟁은 표면적으로는 거룩한 전쟁이라는 명목이 있었어요. 그럼 전쟁의 또 다른 당사자인 레반트 지역의 무슬림들은 이 전쟁을 어떤 관점에서 바라보았을까요? 처음으로 십자군들을 접한 무슬림들은 그들이 누구인지 전혀 감을 잡지 못했고 아마도 비잔티움 제국의 황제가 고용한 용병들일 것이라고 짐작했어요.

십자군과 처음으로 맞닥뜨린 무슬림 통치자는 셀주크 튀르크족 군주인 킬리지 아르슬란이었는데 그는 콘스탄티노플에서 멀지 않은 도시 니케아를 기반으로 아나톨리아 동부 지역을 다스리고 있었어요. 1096년의 어느 여름날 아르슬란은 기묘한 생김새의 전사 한 무리가 그의 영토에 들어왔다는 전갈을 받았는데, 기묘하다는 표현을 쓴 것은 그 전사들의 행색이 너무 초라했기 때문이었어요. 스스로를 '프랑코'라고 불렀던 그 침입자들은 무슬림들을 죽이고 예루살렘을 정복하기 위해 멀리 서쪽 땅에서 왔다고 공공연하게 말했지만 아르슬란의 군대는 제대로 군사 훈련도 받지 못한 것처럼 보이는 그들을 쉽게 물리칠 수 있었어요. 사실 그들은 정식 십자군이 아니었고 '은둔자 피터'라는 떠돌이 설교가의 선동에 의해 조직된 오합지졸에 불과했답니다.

그다음 해에 아르슬란은 프랑코가 더 오고 있다는 소식을 들었지만 대수롭지 않게 넘겨 버렸어요. 하지만 이번의 십자군은 제대로 무장하고 훈련받은 진짜 기사와 궁수들이었으며 실전 경험이 많은 사령관이 지휘를 맡고 있었어요. 그들은 결국 니케아를 점령했고 그곳에서 군대를 나눠 한쪽은 에데사를 향해 내륙으로, 나머지는 안티오크를 향해 지중해 해안을 따라 진군했어요. 안티오크의 왕은 다마스쿠스와 모술의 통치자에게 도움을 요청했으나 그들이 보낸 지원군은 도중에 다른 적과 싸우고 심지어는 그들끼리 서로 싸우느라 안티오크를 전혀 도와주지 않고 돌아가 버렸어요.

여기서 우리는 초기 십자군 전쟁에 임한 크리스트교인들과 무슬림들의 결정적인 태도의 차이를 엿볼 수 있어요. 십자군이 전체 교회의 수장인 교황의 축복을 받고 여러 나라의 왕들과 기사들이 하나의 깃발 아래 힘을 합쳐 진군한 반면 무슬림들은 이슬람 세계 전체가 아니라 일부 도시만 공격을 당한다고 생각했어요. 공격을 당하는 지역에서는 물론 프랑코들을 두려워했지만 그들의 공격이 자신들의 신념이나 믿음에 대한 거대한 도전이라고 여기지는 않앉어요. 그러므로 이슬람 세계가 힘을 합쳐 십자군을 대응해야 한다는 생각은 그들의 머릿속에 떠오르지 않았고, 원래 서로 경쟁 관계에 있던 이슬람 도시들은 심지어 십자군을 이용해 경쟁자를 제거하려고도 했어요. 또한 십자군은 지중해 동부 해안에 사는 무슬림들에게는 분명히 심각한 위협이었으나 이슬람 세계의 핵심 지역으로 깊이 들어가지는 못했기 때문에 전체 이슬람 세계에 경종을 울릴 만큼 큰 영향력을 끼치지는 않았어요.

십자군 전쟁의 영향

십자군 전쟁은 200여 년간 계속되었지만 그 기간 동안 전투가 계속된 것은 아니에요. 십자군들 중에는 운 좋게 많은 전리품을 가지고 귀국한 사람들도 있었으나 돌아갈 곳이 없거나 그곳 생활에 익숙해진 더 많은 십자군들은 새로 건설된 십자군 국가들과 그 근방 지역에 정착했어요. 정착민으로서의 생활은 전시 상황과는 매우 달랐고 주변 지역들과 완전히 고립되어 살아갈 수는 없었지요.

1184년 갈릴리 호수에서 평야를 건너 아크레 지역을 여행한 무슬림 여행자 이븐 주바이르는 그곳에서 십자군과 무슬림이 조화롭게 사는 수많은 농촌 마을을 발견했어요. 이븐 주바이르는 매우 충격을 받았는데, 십자군이 무슬림에게 해를 끼치지 않았다는 점이 아니라 무슬림들이 그의 표현을 빌리자면 "더러운 크리스트교 돼지들"과 어울려도 전혀 개의치 않는 것처럼 보인다는 사실에 놀라고 한탄했어요.

이 시기는 살육과 약탈이 일어나고, 누군가에겐 부와 명성을 쌓을 수 있는 기회였던 반면 또 다른 사람들에게는 동맹과 교류의 기회이기도 했어요. 예를 들어, 의사이자 연대기 작가인 이븐 아비 우사이비아가 남긴 기록에 의하면 십자군 전쟁이 한창이던 1220년대에 신성 로마 제국

체스를 두는 크리스트교인과 무슬림
(1285년경 알폰소 10세의 게임 책에서 발췌)

의 황제 프리드리히 2세는 천문학에 대한 의문을 풀기 위해 모술의 무슬림 통치자 알 카밀에게 사신을 보냈어요. 프리드리히 황제의 궁정 학자였던 안디오크 출신의 테오도르는 당시에 명성이 높았던 이슬람 학자 이븐 유누스만이 이 문제를 해결할 수 있을 것이라고 조언했고, 이를 받아들인 황제가 알 카밀에게 사절을 보낸 것이에요. 이븐 유누스는 그 문제를 해결해 답을 사절단에게 주었고 사절단은 이를 황제에게로 가져갔어요. 또한 무슬림 논리학자이자 법학자였던 알 우르마위는 황제를 위한 논리학 책을 저술하기 위해 아예 프리드리히 2세의 궁전에서 머물렀고, 프리드리히 2세의 아들 만프레드 때에도 무슬림 학자 이븐 와실이 맘루크 술

탄 베이바르의 사절단으로 파견되었다가 2년 동안 그의 궁전에 거주했다는 기록이 남아 있어요.

십자군들이 거쳐 간 도시에서도 지식의 전달이 이루어졌어요. 피사의 상인들은 십자군의 거점이던 안디오크에 상업적 기반을 마련하고 많은 아랍어 과학 서적들을 번역해 유럽으로 들여왔어요. 1120년대 안디오크에서 피사 출신의 스테판이라는 사람이 페르시아의 의학자 알 마주시의 《의학 기술의 집대성Kitab al-Maliki》이라는 10세기 의학책을 발견해 라틴어로 번역했는데, 이 책은 이후 수세기 동안 서유럽에서 의료계의 실무와 이론에 관한 필독서가 되었어요. 또한 수학과 천문학의 고전 프톨레마이오스의 《알마게스트Almagest》 라틴어 번역본도 안디오크를 통해 소개되었는데, 이 책은 지동설이 등장하기 전까지 중세 서유럽 천문학의 교과서로 사용되었어요.

또한 십자군 전쟁은 유럽 상인들이 레반트 지역과 이집트로 들어갈 기회를 열어 주었기 때문에 유럽과 중동 간의 교역이 증가했어요. 서유럽인들은 비단과 공단, 면직물과 같은 동방의 이국적인 물건들과 육두구, 정향, 후추 등 여러 가지 향신료를 구할 수 있게 되었지요. 재미있는 사실 하나는 이때 이슬람 세계를 통해 들어온 정향이 지금의 서유럽에서 크리스마스를 상징하는 향이라는 것이에요. 정향 냄새를 맡으면 항상 크리스마스 분위기를 떠올리는 유럽 사람들은 이 사실을 얼마나 알고 있을까요?

《이슬람의 눈으로 본 세계사》라는 책을 쓴 타밀 아사리를 비롯한 많은 이슬람 역사가들은 십자군 전쟁 기간에 이슬람 세계에는 유럽의 문화가 전혀 받아들여지지 않았고 그 영향력은 오직 한 방향으로만 흘렀다고 주장하고 있어요. 그러나 꼭 그랬던 것만은 아니에요. 위대한 무슬림 왕 살라딘은 1170년대에 이집트를 장악하고 파티미드 왕조의 통치를 끝낸 후 카이로의 무카탐 언덕 아래에 궁전을 건설했어요. 이곳에서 일한 많은 장인들은 포로로 잡혀온 십자군 출신이었는데 그들은 무슬림과 중동 지역의 사람들에게는 알려지지 않았던 기술을 사용했어요. 십자군의 건축법은 훨씬 더 튼튼하고 내구성이 뛰어났으며 이전보다 더 큰 구조물을 지을 수 있었어요.

무슬림들은 지중해 동부 전역에 퍼져 있던 십자군 성을 관찰하고 연구하면서 이러한 건축 및 요새화 기술을 점차 배워 나갔어요. 십자군 전쟁과 관련된 복잡한 현실은 현대에 십자군 전쟁을 해석하는 사람들이 자주 놓치는 부분이에요. 물론 많은 폭력이 있었지만 무슬림과 크리스트교인들 간의 협력, 정치적 군사 동맹, 상품과 과학 기술의 교환, 종교적 관용의 사례도 무수히 많았어요. 이러한 다양한 측면 또한 조명되어야 할 역사의 모습이랍니다.

04

세계에서 가장 부유했던 왕:

만사 무사와
말리 제국

아프리카에 대한 편견들

세계 어디서나 사람들이 아프리카에 대해 갖는 첫 이미지는 아마도 아름답지만 길들이기 어려운 야생의 자연일 거예요. 아이들은 자연 관찰 다큐멘터리에 등장하는 아프리카 초원의 사자와 얼룩말, 기린과 코끼리의 영상을 보며 자라지요. 유명한 디즈니의 애니메이션 〈라이온 킹〉의 배경은 아프리카의 사바나 지역인데 이 영화에서 아프리카의 초원 지대를 지배하는 진정한 왕은 동물들의 무리를 이끄는 사자이며 어디에서도 인간의 흔적은 찾아볼 수 없어요.

이렇듯 현대 사회에서는 압도하는 대자연 속에서 아프리카 사람들은 자연을 개척하고 문명을 건설하기보다는 자연에 순응해 그 일부로 살아간다는 인식이 널리 퍼져 있어요. 그럼 과연 아프리카 대륙은 언제나 그 이미지처럼 문명의 발전에서 한발 떨어져서 인류 원형의 모습을 간직한 미지의 세계였을까요?

2007년 7월 27일, 프랑스 대통령 니콜라 사르코지는 프랑스와 아프리카 국가들과의 관계를 강화하기 위해 아프리카 대륙을 순방 중이었어요. 세네갈 수도 다카르의 셰이크 안타 디오프 대학의 1,300여 명의 청중이 모인 연설장에서 사르코지는 이렇게 말했어요.

"아프리카의 비극은 아프리카가 역사 속으로 완전히 들어가지 못했다는 것입니다. 그들은 한 번도 미래로 나아간 적이 없습니다. 수천 년 동안 계절에 따라 살아왔고 자연과 조화를 이루는 것이 이상적인 삶이라 여겼던 아프리카의 농부들은 규칙적인 흐름에 따라 같은 몸짓과 같은 말이 끝없이 반복되는 시간의 영원한 재생만을 알았습니다. …모든 것이 다시 순환되는 이 세계에는 인간의 모험이나 진보의 개념이 들어설 여지가 없습니다."

서방 세계의 정치가 입에서 나온 아프리카에 역사가 없다는 이 대담한 발언에 많은 사람들이 분노했어요. 그들이 분노한 이유는 사르코지가 아프리카인들은 자연의 흐름에 따라 항상 같은 일상을 반복할 뿐 변화와 진보가 없는 삶을 살아왔다고 평가했기 때문이에요. 그래서 아프리카에는 역사가 없다는 결론에 도달한 것이지요. 역사는 본질적으로 변화에 관련된 것이니까요. 사르코지를 직접 겨냥한 것은 아니지만 이러한 뿌리 깊은 편견들에 대해 나이지리아의 노벨 문학상 수상자인 월레 소잉카는 "아프리카가 어둠의 대륙으로 보이는 이유는 보는 사람에 눈에 고의적으로 씌워진 백내장 때문일 수도 있다"는 뼈 있는 발언을 하기도 했어요.

말리 제국을 건설한 사자왕 순디아타

이제 다시 〈라이온 킹〉으로 돌아가 보기로 하지요. 앞서 언급했듯이 〈라이온 킹〉은 사바나 초원에 사는 사자들의 이야기예요. 그런데 어떤 이들은 이 이야기에서 오래전에 사자라는 별명을 가지고 있던 한 사람을 떠올렸어요. 그의 이름은 순디아타 케이타이고 13세기에 서아프리카에서 가장 큰 왕국이었던 말리 제국의 창시자였어요. 그는 1235년부터 1255년까지 대서양 연안에서 니제르강에 이르는 대제국을 건설했는데 지금으로 따지면 말리, 세네갈, 감비아, 기니, 모리타니가 여기에 속해요. 순디아타가 말리 제국을 세운 이야기는 오래도록 아프리카의 구전 역사가인 '그리오griot'에 의해 전해져 왔어요. 구전으로 전해졌기 때문에 원본이 따로 없고 여러 가지로 변형이 되었으나 이야기의 기본적인 골격은 대부분 비슷하답니다.

만딩카 부족의 왕이었던 코나테는 못생긴 아내와 결혼하면 위대한 왕이 될 아들을 낳을 것이라는 예언을 듣고 두 번째 아내로

'물소 여인'이라는 별명을 가진 소골론을 맞아들였어요. 왕과 소골론 사이에는 순디아타라는 아들이 태어났는데 그는 다리에 장애가 있어 걸을 수가 없었어요. 왕의 총애를 받았지만 소골론과 순디아타는 왕의 첫째 아내 사수마를 비롯한 주변인들로부터 무자비한 조롱과 괴롭힘을 당했어요. 이에 순디아타는 어떻게든 걸어야겠다고 결심하고 초인적인 힘으로 활처럼 휘게 한 쇠막대를 의지해 걸을 수 있게 되었지요. 그 후 순디아타는 강인해졌고 부족의 리더로 인정받았는데 이는 이복형 투르만과 그의 어머니의 질투와 분노를 불러일으켰어요.

왕이 사망하자 생명의 위협을 두려워한 소골론은 순디아타와 나머지 자녀들을 데리고 망명길에 올랐고, 투르만의 통치 아래에서 왕국은 혼란에 빠졌어요. 만딩카족은 결국 잔인하고 억압적인 마법사였던 소소족의 소마오로 칸테 왕에게 점령당했고, 무능한 투르만 대신 진정한 지도자가 필요했던 백성들은 순디아타가 돌아와 정당한 왕의 자리를 차지할 것을 요청했어요. 망명 생활 중 근방의 다른 지역 통치자들과 동맹을 맺은 순디아타는 군대를 모아 만딩카족을 해방시키고 소소의 왕을 무찌른 후 왕좌에 올랐어요.

자, 이 이야기가 〈라이온 킹〉과 비슷한가요? 디즈니사의 공식 입장은 〈라이온 킹〉의 줄거리는 순디아타의 서사시가 아니라 셰익스피어의 희곡 《햄릿》에서 아이디어를 얻었다는 것이에요. 그러나 순디아타의 이야기를 알고 있던 많은 사람들은 주인공 심바에게서 순디아타의 이미지를 보았어요. 그는 심바처럼 왕의 아들로 태어났으나 견제하는 세력들 때문에 쫓겨나 외부로 떠돌아다녀야 했어요. 그러나 그 과정에서 그는 더 강해졌고 시련을 통해 진정한 왕의 자질을 갖추게 되었어요. 이제 혈통뿐 아니라 실력까지 갖추게 된 순디아타는 그를 지지해 줄 동맹군(티몬과 품바가 생각나지 않나요?)을 모으고 다시 자신의 나라로 돌아와 적들과 싸워 이기고 마땅히 가져야 할 왕의 자리를 차지했어요.

순디아타의 치세 아래 말리 제국은 옛 가나 왕국의 영토를 회복하고 많은 부족들을 정복했어요. 그는 '사자왕'이라는 별명으로 불렸는데, 공식적인 칭호는 만딩카어로 황제라는 뜻의 '만사mansa'였어요. 순디아타는 만딩카족의 고향이었던 니제르강과 산카라니강의 합류 지역에 니아니라는 도시를 건설하고 수도로 삼았어요. 그는 통치 기간 동안 목화 재배 농장과 금 채굴 광산을 정비하고 무역을 장려했으며 국가의 경계를 계속 늘려 나가며 영토 전체에 법과 질서를 세웠어요. 말리 제국은 14세기에는 지구상에서 가장 부유하고 번영한 국가들 중 하나가 되었고, 당시 지중해 시장에서 큰 수요가 있었던 금, 소금, 콜라 열매, 상아를 풍부하게 생산했어요.

만사 무사와 황금의 제국

순티아타의 사후에도 말리 제국은 계속 번영했어요. 그의 후계자들 중에 가장 유명한 황제는 말리 제국의 전성기를 이끌고 세계에서 가장 부유한 왕이라는 별명을 가졌던 '만사 무사'예요. 기록에 따르면 만사 무사의 전임 황제는 대륙을 넘어 바다로도 진출하기를 원했다고 해요. 그는 대서양의 끝을 발견하기 위해 400척의 대규모 함대를 보냈으나 긴 항해 끝에 겨우 한 척의 배가 돌아왔고, 돌아온 선장은 동료들을 삼켜 버린 소용돌이에 대한 끔찍한 이야기만 들려주었어요. 그러나 황제는 포기하지 않았고 2,000척의 배를 이끌고 직접 원정을 떠났어요. 그는 다시 돌아오지 않았고 일각에서는 그가 남미에 도착했다고 주장하는 사람들도 있으나 그의 마지막 안식처가 어디였든 말리는 항해 제국이 될 운명은 아니었던 듯해요. 황제가 돌아오지 않자 만사 무사가 그의 뒤를 이었어요. 전임 황제와 무사의 관계는 정확하게 밝혀진 바가 없으나 기록에 혈연관계에 대한 언급 없이 전임자라고만 되어 있어 역사가들은 무사가 황제의 아들이 아니라 유능한 신하 중 하나였을 것으로 보고 있어요.

황제의 자리에 오른 만사 무사는 독실한 무슬림이었고 이슬람교를 국교로 정해 제국의 다양한 부족을 통합하는 기반으로 삼았어요. 통치한 지 12년이 되던 해에 그는 메카로 '하지'라 불리는 성지 순례를 떠나기로 결정했어요. 수많은 사람과 동물로 긴 행렬을 이룬 그의 카라반은 석 달에 걸쳐 사하라 사막을 동쪽으로 횡단했고 8개월 만에 카이로에 도착했어요. 만사 무사의 여정과 그가 행한 일들은 행렬의 규모와 그의 부에 경외심을 느낀 여러 목격자에 의해 일기, 구전, 역사서 등 다양한 형태의 기록으로 남겨졌어요. 여행 과정에서 만사 무사는 늘 자선을 베풀고 관대한 면모를 보여 주었다고 해요. 그는 금요일에 예배를 드리기 위해 머무르는 곳마다 모스크 건립 비용을 기부했고 가난한 사람들에게 재물을 나눠 주었어요. 그의 엄청난 기부와 측근들의 사치스러운 소비는 지나는 도시마다 화제가 되었고 후대에 전해지는 전설이 되었지요.

만사 무사는 1324년 7월 카이로에 도착해 맘루크 술탄 알나시르 무함마드를 접견하고 큰 환대를 받았어요. 카이로는 그의 대규모 기부와 소비가 가장 많이 이루어진 도시기도 했는데, 그의 일행이 카이로와 메카, 메디나를 지나면서 갑자기 많은 양의 금이 시중에 풀리자 금값이 폭락했고 그에 맞춰 상품 가격이 엄청나게 올라갔어요. 이러한 사태가 자신 때문에 일어났다는 사실을 깨달은 만사 무사는 귀국길에 카이로의 고리대금업자로부터 높은 이자로 자신의 금을 다시 구입해 균형을 맞추었어요. 역사상 한 사람이 지중해 지역에서 금의 가격을 직접 통제한 것은 이때가 유일해요. 직접적인 비교는 큰 의미가 없지만 미국의 경제지《포브스Forbes》에서 조사한 2019년 세계에서 가장 부유한 사람인 제프 베이조스(아마존 창업자)의 자산 가치가 1310억 달러였는데, 14세기 말 말리 황제의 추정 자산은 오늘날의 4000억 달러에 해당한다고 해요.

만사 무사의 하지에 대한 이야기는 이슬람 세계뿐만 아니라 중세 유럽의 먼 지역까지 퍼져 말리의 명성을 널리 알렸어요. 말리의 금과 풍요로움은 훗날의 황금 도시 엘도라도 전설처럼 사람들의 상상력을 자극했고, 말리는 1339년 마요르카에서 제작된 세계 지도에 등장했어요.

1367년에 작성된 또 다른 세계 지도에는 북아프리카에서 아틀라스산맥을 거쳐 서부 수단으로 이어지는 도로가 표시되었고 1375년 제작된《카탈루냐 지도집Atles Català》에 실린 세계 지도에는 만사 무사가 사하라 사막 남쪽 지역의 왕좌에 앉아 오른손에는 금덩어리를, 왼손에는 황금 홀을 들고 머리에 황금 왕관을 쓴 채 어딘가를 바라보는 모습이 그려져 있어요.

사실 중세 역사 서술에서 아프리카는 종종 잊히곤 하는데 많은 학자들은 십자군 전쟁에서의 금의 역할을 연구하면서도 그 금이 어디에서 나왔는지는 관심을 가지지 않았어요. 그러나 당시 유럽

1375년 제작된 《카탈루냐 지도집》에 실린 만사 무사

군주들의 초상화에서 왕의 머리 주위에 황금빛 후광을 형성했던 금은 말리에서 생산된 것이며 동쪽으로 진군하던 십자군이 찾던 이슬람 세계의 황금도 말리에서 나왔어요. 이 시기는 전 세계 금 공급량의 3분의 2가 서아프리카에서 생산되던 때였어요.

만사 무사의 하지는 외부 세계에 말리의 국력을 과시하는 것에서 끝나지 않았어요. 하지를 통해 그는 새로운 무역로를 개척했고 이슬람을 강화했으며 교육, 무역, 상업을 장려했어요. 왈라타, 젠, 팀북투 같은 도시들은 서아프리카의 문화 및 상업 중심지가 되었는데 특히 팀북투는 15세기와 16세기에 아프리카 전역의 학문의 중심지로 부상했어요. 무슬림들은 팀북투에 세워진 산코레대학에

서 교육을 받기 위해 먼 나라에서 몰려들었어요. 팀북투에는 수천 개의 장서를 보유한 여러 개의 도서관이 있었고 아프리카와 이슬람 세계에서 가장 뛰어난 신학자, 시인, 학자, 예술가들이 모였어요. 만사 무사는 25년간의 통치 끝에 1337년에 세상을 떠났고 말리 제국은 그 이후로 17세기까지 지속되다가 바마나 제국에 통합되었어요. 비록 말리 제국은 사라지고 기록들은 파괴되었지만 이렇듯 엄청난 부와 문명의 발전을 이룬 말리 제국에 대한 이야기는 그리오들을 통해 구전으로 계속 이어졌어요. 특히 만사 무사의 일화들은 후손들에게 아프리카 역사의 빛나는 과거와 자부심을 고취시키는 수단으로 전해졌어요.

알렉스 헤일리의 소설 《뿌리》의 주인공 쿤타 킨테는 어린 시절 아버지로부터 말리 제국의 이야기를 들었어요. 아버지는 아들에게 만딩카족은 오랜 역사가 있는 부족이고 백인이 우리 해안에 오기 전에는 위대한 제국들이 있었다고 이야기해 주었지요. 가장 위대한 제국 중 하나는 말리 제국이었고 말리 제국은 만사 무사라는 강력한 왕이 통치했는데 그는 세계에서 가장 부유한 사람이었다는 것, 1년이나 걸려서 메카에 성지 순례를 다녀왔고 그가 여행 중에 너무 많은 금을 기부해서 그 후 몇 년 동안 금값이 하락했다는 이야기를 아들은 눈을 반짝이며 흥미진진하게 들었어요.

쿤타 킨테가 노예선에 실려 미국으로 가는 동안 그는 아버지에게 들은 말리에 대한 이야기를 떠올리며 고향으로 돌아가고 싶다는 소원을 빌었어요. 그의 손자 치킨 조지는 멕시코-미국 전쟁에 참전했다가 다른 병사들로부터 말리 제국에 있었던 위대한 도시 팀북투에 대한 이야기를 들었어요. 노예 사냥꾼들에게 잡혀 와 자손 대대로 노예 생활을 하면서도 그들은 찬란한 문화를 건설한 조상들의 이야기에서 희망과 위안을 얻었던 것이지요.

문헌 자료가 많이 남아 있지 않아서 오랫동안 말리 제국의 이야기는 구전으로만 전해졌어요. 그러나 최근에 들어와서 고고학의 발전과 아프리카 역사에 대한 관심이 높아지며 재평가가 이루어지고 있어요. 2019년에서 2021년에 걸쳐 미국 노스웨스턴대학교의 더 블록 미술관과 워싱턴 D.C.의 스미소니언 국립 아프리카 미술관, 캐나다 토론토의 아가 칸 박물관에서 '황금의 대상, 시대의 파편들: 중세 사하라 아프리카의 예술, 문화, 교역'이라는 제목의 순회 전시회가 열렸어요. 이 전시회에서는 8세기에서 16세기까지 서아프리카, 중동, 북아프리카, 유럽을 오갔던 유물들이 소개되었는데 그중에는 만사 무사가 여행하면서 가지고 다녔을 것으로 추측되는 물건들도 있었답니다. 또한 전시된 유물 가운데 14세기 영국에서 만들어진 청동 주전자도 있는데 놀랍게도 이 주전자는 19세기에 가나에서 발견되었어요. 이 주전자가 어떻게 중세 영국에서 서부 아프리카로 전해졌는지 정확히 알 수는 없지만, 아직도 우리가 알지 못하는 그 시대의 대륙 간 무역이 있었음을 짐작할 수 있게 해요.

05

사막에서 발견한 타임캡슐:

실크로드와 당제국

둔황 석굴의 재발견

둔황은 중국의 수도 베이징에서 서쪽으로 약 2,300킬로미터 떨어진 고비 사막 한가운데 위치한 작은 오아시스 도시예요. 둔황에서 차를 타고 사막 길을 한 시간쯤 달리면 둔황 석굴, 혹은 막고굴이라고 부르는 600여 개의 동굴로 이루어진 유적지가 나오지요. 지금은 유네스코 세계 문화유산에 등재되어 세계적으로 알려져 있고 항상 수많은 관광객으로 붐비지만, 20세기 초까지만 해도 이곳에 무엇이 있는지 관심을 가진 사람은 거의 없었어요. 19세기 말 서양의 탐험가들은 고대 실크로드와 중앙아시아의 옛 도시들에 관심을 가지기 시작했고 둔황의 동굴들에서 몇몇 벽화와 조각품 등을 주목하기도 했으나 가장 유명한 발견은 정말 우연한 계기에서 나왔답니다.

1900년 6월, 동굴 중 하나에 거주하며 수행하던 왕위안루라는 도교 도사가 16번 동굴의 안쪽에 숨겨진 높이가 3미터, 너비가 2.6미터 정도 되는 비밀 공간을 발견했어요. 이 공간은 후에 17번 동

아우렐 스타인이 찍은 도서관 동굴 입구 사진

굴, 혹은 도서관 동굴이라는 별명으로 불리게 되는데 그곳에는 4만여 점에 달하는 필사본, 그림, 종이와 비단에 기록된 여러 문서들이 쌓여 있었어요. 왕위안루는 바로 정부에 이 사실을 보고했지만 국내외 여러 가지 사정으로 어지러웠던 청나라 정부는 크게 관심을 갖지 않았고, 이 보물들의 존재를 알리고자 했던 왕위안루의 노력은 오히려 유럽의 학자들에게 알려졌어요.

가장 먼저 찾아온 영국의 고고학자 아우렐 스타인과 프랑스의 폴 펠리오는 왕위안루에게 석굴의 복원을 위한 약간의 기부금을 주고 2만 점 가량의 문서들을 영국과 프랑스로 가져갔어요. 이후 서방 세계에서 둔황의 문서들이 화제가 되자 뒤늦게 그 문서들의 중요성을 깨달은 중국 정부는 1910년 남아 있는 9,000여 점의 유물들을 베이징으로 옮겼고 그 이후에도 남아 있던 약간의 자료들은 뒤늦게 찾아온 일본과 러시아의 학자들이 가져가 둔황 석굴의 문서들은 세계로 흩어지게 되었어요.

이 엄청난 양의 문서들은 '둔황학'이라는 새로운 학문 분과를 만들어 낼 정도로 귀중한 자료들이었지만 이렇듯 전 세계에 퍼져 있다 보니 학자들이 원하는 자료에 쉽게 접근하기도, 체계적인 연구를 하기도 어려웠어요. 1993년에야 둔황 문서의 보존과 접근 문제를 논의하기 위한 회의가 열렸고 그 결과 1994년 국제 둔황 프로젝트IDP, International Dunhuang Project가 결성되었어요. 영국 도서관British Library에 본부를 둔 IDP에는 우리나라를 비롯한 전 세계 12개국의 연구 기관이 참여해 공동으로 자료들을 보존하고 목록을 만들고 디지털화하는 작업을 하고 있어요. 여기에 우리나라가 포함된 이유는 일본의 승려 오타니 고즈이가 수집한 자료들 중 일부가 조선 총독부를 거쳐 국립중앙박물관에 남아 있기 때문이에요.

둔황 석굴의 문서들 중 우리나라에서 가장 잘 알려져 있는 것은 8세기에 저술된 신라 승려 혜초의 《왕오천축국전》일 거예요. 이 사본은 펠리오가 다른 자료들과 함께 프랑스로 가져갔고 처음에는 중국인 승려의 저술로 알려졌다가 1915년 일본 학자 다카쿠스 준지로의 연구로 혜초가 신라인임이 밝혀졌어요. 이 문서는 그동안 기록으로만 전해져 오고 실물은 유실된 것으로 알고 있었는데 둔황 석굴에 보존되어 있다가 프랑스 학자 펠리오를 통해 세상에 나타난 것이지요. 또한 2010년에는 신라 시대의 고승 원효 대사의 대표적 저술인 《대승기신론소》의 8~10세기 필사본 조각들이 발견되어 학계에 보고되기도 했어요. 이는 8세기경에 원효의 저술이 신라를 넘어 중국의 서쪽 끝인 둔황에까지 전해졌다는 귀중한 증거가 된답니다.

그 외에도 둔황 석굴에서는 불교에서 기독교, 조로아스터교와 유대교에 이르기까지 각종 다양한 종교들의 경전과 산스크리트어, 위구르어, 소그드어, 쿠처어, 호탄어, 티베트어, 몽골어 등등 다양한 언어로 기록된 문서들이 발견되었어요. 사막 한가운데의 이 석굴에 어떻게 그렇게 다양한 문화권의 유물들이 남아 있었을까요?

번성했던 당제국

지금으로부터 1,000여 년 전쯤 둔황은 지금 우리가 실크로드라고 부르는, 한반도에서 유럽에 이르는 긴 무역로의 거점 도시들 중 하나였어요. 실크로드라는 명칭은 사실 오래전부터 통용되던 말은 아니고 19세기 독일의 지리학자 페르디난트 폰 리히트호펜이 처음 사용한 단어인데, 그는 이 길을 통해 유럽 세계에 전해진 물품 중 가장 대표적인 상품이 비단이라고 생각해 '비단길'이라는 이름을 붙였어요. 이름이 무엇이든 이 길은 기원전 3세기부터 약 1500년에 이르기까지 세계의 동쪽 끝과 서쪽 끝을 잇는 중요한 통로가 되었고, 마르코 폴로, 이븐바투타, 《서유기》의 삼장법사의 모델이 된 승려 현장과 같은 탐험가와 상인들이 이 길을 지나며 다양한 물품들을 실어 날랐어요.

실크로드를 통해 운반되었던 물건들은 비단을 비롯해 자기, 염료, 가죽 제품 등 다양했어요. 심지어 이 길을 통해 멀리 로마에까지 중국 비단이 크게 유행해 당시의 기록에서 여성들이 사치스러

운 중국 비단만을 찾는다고 푸념하는 내용도 발견할 수 있어요. 물품들뿐 아니라 다양한 종교와 문화도 이동했는데, 많은 사람들이 여행 중에도 자신들의 종교적인 신념을 지키고 의식을 행하려 했기 때문이에요. 당나라는 교역을 장려하고 다양한 종교들을 적극적으로 받아들여 중국 역사상 가장 번영한 제국이 되었고 중국뿐 아니라 세계에서 가장 번성한 나라 중 하나였을 것으로 추정되고 있어요. 소위 '대당제국'은 지금까지도 중국인들의 자부심인데, 1997년 상하이의 대학생 1,000명을 상대로 한 설문 조사에서 제시한 과거의 수많은 중국 왕조 중 살아 보고 싶은 시대는 어디인가라는 질문에 과반수의 학생들이 당대라고 대답했다고 해요.

당시 당나라의 수도였던 장안은 약 30만 가구, 96만여 명의 인구가 살던 큰 도시였고 상당한 규모의 외국인 공동체가 있었던 것으로 알려져 있어요. 외국인의 입국이 간단한 것은 아니었으나 상인들에게는 그 절차가 매우 간소화되었어요. 외국인도 정해진 절차를 따르면 귀화할 수 있었고 귀화인에게는 10년간 세금이 면제되는 등 혜택도 주어졌지요.

당의 외국인 정책에서 독특한 점 중 하나는 같은 국적의 외국인끼리 분쟁이 있을 경우 해당 국가의 법률과 풍습에 따라 처리하고, 서로 다른 국적의 외국인들끼리의 분쟁에는 당의 법률에 따랐다는 것이에요. 기본적으로 외국인의 자유로운 통상 거래와 기초적인 인권이 보장되어 있었고, 이는 당시 서양 여러 나라와 비교해 보아도 매우 앞섰다고 할 수 있어요. 장안에 정착한 외국인 이민자들은 그들의 문화와 종교적 관습을 그대로 가져왔는데, 장안에는 거의 10개 정도의 조로아스터교 사원이 있었고 '경교'라고 불리던 네스토리아파 교회도 있었어요. 그 외에도 마니교, 이슬람교 및 유대교 등 다른 소수 종교 또한 국가의 지원을 받으며 번성했어요.

둔황 문서들의 가치

이처럼 당나라는 개방적인 문화와 상업을 중시하는 관용 정책을 펼치며 중국 역사의 황금기를 구가했고 둔황 석굴의 자료 중 대다수는 당나라 시대의 것이에요. 그러나 이곳의 동굴에 왜 그토록 많은 문서 두루마리들이 숨겨져 있었는지 그 이유에 대한 정확한 답은 아직 없어요. 이민족의 침입으로 훼손될 것을 염려해 숨겼다는 의견과 그저 필요가 없어 버리려고 모아 둔 문서들이라는 의견까지 다양한 학설이 있으나 아직 뚜렷한 결론이 나지는 않았어요. 어떤 이유에서든 이 문서들은 거의 1,000년에 가까운 세월 동안 숨겨져 있다가 세상에 드러났고 학자들은 이를 '타임캡슐'이라는 별명으로 부르고 있어요.

현재 전 세계적으로 1,000명 이상의 학자들이 둔황 석굴의 유물과 자료들을 연구하고 있으며 둔황학은 독립적인 학문의 한 분야로 성장했어요. 그러면 중국 북서부 사막의 외딴 유적지에서 나온 문서들이 이처럼 학계의 주목을 받는 이유는 무엇일까요?

학자마다 연구의 이유는 다양하지만 한 가지 중요한 이유는 둔황의 석굴에서 발견된 많은 자료들이 누군가에 의해 의도적으로 작성한 기록이 아니라 당시 사람들이 실제로 사용했던 날것 그대로의 기록들이기 때문이에요. 우리는 일상을 살면서 많은 종류의 다양한 기록물을 만들지만 대부분은 목적을 달성하고 나면 폐기되게 마련이지요. 정부의 공식 문서나 지배자들의 기록은 의도적으로 남기지만 평범한 사람들의 삶의 기록은 시간이 지날수록 잘 보존되지 않아요. 우리가 물건을 사고 난 영수증이나 일기, 편지 등을 얼마나 오래 보관하는지 생각해 보면 쉽게 이해할 수 있을 거예요. 증조할머니가 시장에서 물건을 사고 받은 영수증을 보관하고 있는 증손주가 몇 명이나 될까요?

이러한 기록들은 우리가 당대 사람들의 삶을 좀 더 입체적으로 이해할 수 있게 도와줘요. 지금도 비슷하나 특히 예전의 역사 기록들은 왕이나 귀족, 국가의 정책, 전쟁 혹은 종교 지도자들에 집중되어 쓰여졌어요. 현대의 역사가들은 당태종과 양귀비의 삶에 대해 남아 있는 많은 자료로 자세히 알고 있으나 같은 시대를 살았던 평범한 사람들이 구체적으로 무엇을 먹고, 어떻게 입고, 어떤 오락을 즐겼는지는 자세히 알 수 없어요. 그들에 대한 기록이 충분히 남아 있지 않기 때문이지요.

공식적인 국가 문서나 종교 문서들은 통치자들의 시각에서 다스리고 통제해야 할 대상으로 일반인들을 보는데, 역사가들 또한 남아 있는 사료들만으로 당시의 삶을 재구성하려 하면 그러한 오류에 빠지기가 쉽겠지요. 그런 의미에서 통치자들의 기록이나 문서가 아닌 직접 사람들이 주고받았던 계약서, 그들이 즐겼던 연극의 대본, 물건을 산 영수증, 일상 생활을 기록한 일기 등은 실제로 그들의 생활이 어떠했는지를 알 수 있는 소중한 자료들이에요.

영국의 새뮤얼 피프스라는 사람은 1660년에서 1669년까지 10여 년간 작성한 자세한 일기를 남겼는데, 그의 일기는 우리에게 17세기 영국인들의 일상적인 삶 그리고 중요한 역사적 사건들에 당시 사람들이 어떻게 반응했는지를 알려 주고 있어요. 또한 유대인 소녀 안네 프랑크가 쓴 일기는 제2차 세계 대전과 나치의 유대인 학살이 실제로 그 시대를 살았던 한 소녀의 삶에 어떻게 영향을 끼쳤는지를 보여 주며 우리가 그 시대인들에 더 공감할 수 있게 해요.

그런데 어떻게 이러한 평범한 사람들의 기록이 둔황 석굴에 보존될 수 있었을까요? 당시에는 종이가 매우 비쌌기 때문에 사람들은 종이를 함부로 버리지 않았고 어떻게든 재활용하려고 했어요. 한 예로 중국의 고고학자들은 투르판 지역의 무덤을 발굴하던 중 고인이 입고 있던 종이로 만든 수의에 글씨가 쓰여 있는 것을 발견하고 수의를 다시 분해해 조각을 맞추어 재구성해 보았어요. 그 문서는 670년경 중국에 살던 이란 상인이 법정에서 증언한 기록이었어요. 이 상인은 동생이 사망하기 전 빌려준 비단 275필을 돌려받기 위해 법원에 도움을 요청했어요. 그는 중국인 동업자에게 비단을 빌려준 후 낙타 두 마리, 소 네 마리, 당나귀 한 마리와 함께 출장을 떠난 동생이 사막에서 사라졌으며 사망한 것으로 추정된다고 증언했어요.

법정은 이 이란 상인이 상속자로서 동생의 빚을 대신 받을 권리가 있다는 판결을 내렸으나 이 판결이 실제로 집행되었는지는 확인할 수 없어요. 당시의 장의사들은 이러한 재활용 종이를 사용해 고인의 신발, 옷 및 생활용품들을 만들고 함께 매장했기 때문에 이 문서는 보존될 수 있었답니다.

둔황 자료에서도 이러한 재활용 문서들을 많이 볼 수 있어요. 대부분의 문서는 불교나 다른 종교의 경전인데, 물론 이 경전 자체도 매우 중요한 자료예요. 앞서 이야기한 《왕오천축국전》이 대표적인 예가 되겠지요. 그러나 이뿐만 아니라 학자들은 이러한 경전의 뒷면 또한 여러 가지 기록으로 채워져 있다는 사실을 발견했어요. 최근 수십 년 동안 고고학자들은 수천 개의 서로 다른 문서를 재조합해 기록을 복원했어요. 거기에는 상품 계약서, 법적 분쟁 기록, 매매 영수증, 화물 견적서, 의료 처방전 그리고 어느 장날에 은화 120개에 팔린 노예 소녀의 가슴 아픈 계약서 등 다양한 삶의 기록들이 있었어요.

역사학자 스티븐 타이저는 둔황 석굴의 문서에서 당대 대중문화에 대한 재미있는 사실 하나를 발굴해 소개했어요. 그는 당나라 시대의 유령 축제가 종교와 왕실이 의도한 바를 넘어 어떻게 대중들에게 소비되었는지를 재활용된 문서들을 가지고 연구했어요. 유령 축제는 지금도 불교의 5대 명절 중 하나인 백중, 즉 '우란분절'을 말하는데 이 축제는 부처님의 10대 제자 가운데 한 명인 목련 존자가 지옥에 빠진 어머니를 구하기 위해 지옥에 들어가 마침내 어머니의 극락왕생을 이뤘다는 불교의 일화에서 유래했어요. 승려들에게 공물을 바쳐 극락에 가지 못하고 떠도는 조상들을 극락으로 이끄는 행사인 유령 축제는 유교의 전통적인 효 개념에 이방 종교인 불교의 교리가 더해진 종교 행사로, 황제부터 대중들에 이르기까지 당대 국가의 큰 명절로 지켜졌어요.

그런데 둔황 석굴에서 발견된 여러 문서들 중에는 이 목련 존자의 이야기를 사람들에게 전하기 위한 여러 가지 형식의 대본들이 있었어요. 이 대본들은 글을 알지 못하는 일반인들에게 불경의 이야기를 쉽게 전해 주려고 이야기꾼들이 작성한 것인데, 불교에서는 어머니를 구제하는 과정에서 보여 준 목련 존자의 효심과 부처님의 자비를 강조했으나 대중의 관심을 끌어야 돈을 더 벌 수 있었던 이야기꾼들은 재미를 위해 원래의 줄거리에 극적인 요소를 점점 더 많이 포함시켰어요. 목련 존자가 어머니를 찾으러 가는 과정에서 만나는 요괴들을 신통한 도술로 물리치는 장면들, 지옥에서 갖가지 형벌들로 고통받고 있는 사람들 혹은 험악한 귀신들에 대한 자세한 묘사는 사람들을 이야기 속으로 빨려들게 했고 시간이 지날수록 흥미진진한 세부 내용이 추가되었어요. 종교 행사를 위한 의식과 경진이 일반인을 위한 재미있는 오락거리가 된 것이지요.

일반적인 상황이라면 평민들의 오락을 위해 만들어진 이러한 대본은 그 시대가 끝나면 다 버려지고 남아 있지 않았을 거예요. 요즘처럼 보존 기술이 좋은 시대에도 불과 몇십 년 전에 유행했던 드라마 대본을 구하기가 쉽지는 않거든요. 우연히 그 대본들이 비싼 새 종이가 아니라 다른 문서들의 뒷면에 쓰여 둔황 석굴에 보관되었다가 발견된 까닭에 우리가 1,000여 년 전의 사람들이 어떻게 대중적인 오락을 즐겼는지 자세히 알 수 있게 된 것이에요. 이렇게 시간과 공간을 뛰어넘어 우리는 그들의 삶에 가까이 갈 수 있어요.

그러므로 비록 둔황 석굴의 기록은 온전히 남아 있지도 않고 잘 정리되지도 않았으나 시간을 들여 연구하고 분석할 가치가 있어요. 이 타임캡슐에 대한 본격적인 연구는 이제 막 시작된 것이나 다름없어요. 더 많은 사실이 연구자들을 통해 밝혀지고, 그에 따라 여전히 많은 부분이 베일에 싸여 있는 과거에 대한 우리의 이해의 폭도 한층 넓어질 수 있기를 기대해요.

06

짧지만 강렬했던 만남:

유럽의
대항해 시대와
일본의
남만 무역

아프리카인 사무라이 야스케

2021년 2월 13일 미국의 인터넷 뉴스 사이트인 USA TODAY NEWS에는 "사실 확인: 16세기 일본의 유명한 사무라이는 아프리카 출신이었다"라는 제목의 기사가 실렸어요. 이 기사는 미국에서 '흑인 역사의 달'로 지정한 2월을 맞이해 한 인스타그램 게시글에 올라온 야스케라는 이름의 16세기 일본의 흑인 사무라이에 대한 이야기가 사실인지를 검증하는 내용이었어요.

그럼 이 이야기는 사실일까요? 결론부터 말하자면 사실이에요. 야스케는 1579년 아시아 지역 예수회의 수장 알렉산드로 발리냐노의 수행원으로 일본에 도착했어요. 노예였다는 주장도 있지만 야스케의 전기를 쓴 역사학자 토머스 로클리는 그가 원래 노예 신분이었다 해도 인도에서 발리냐노를 만나기 전에 이미 자유를 얻었을 것이라고 추정하고 있어요.

발리냐노의 일행은 1581년 당시 일본의 수도였던 교토를 방문했어요. 그들은 도중에 항구 도시 사카이를 지났는데, 그곳에서 이

아프리카인을 보기 위해 수많은 군중이 몰려들어 심지어 건물이 무너졌다는 기록이 남아 있어요. 그는 일본인들이 처음 본 아프리카인이었을 뿐만 아니라 키가 188센티미터에 달하는 거인이었고 남자 10명의 힘을 가진 데다 잘생기고 총명하며 유쾌한 성품을 갖춘 매력적인 인물이었다고 해요. 또한 당시 일본에서는 부처님의 모습이 종종 검은 피부로 묘사되었기 때문에 많은 사람들이 그를 신성한 방문자로 여겼어요.

교토에 도착한 후에도 수천 명의 군중이 그를 보기 위해 모여들었어요. 야스케는 급히 예수회 성당으로 피신했지만 폭도들이 문을 부수고 그를 만나게 해 달라고 요구했고, 일부 관중은 짓밟혀 죽기도 했어요. 이 소동으로 야스케는 당시 일본에서 가장 강력한 다이묘(영주)였던 오다 노부나가의 눈에 띄었고, 그에게 매료된 노부나가는 발리냐뇨에게 요청해 야스케를 부하로 삼았어요. 야스케는 노부나가의 무기 운반관이자 외교 문제에 관련한 조언자가 되었고 교토 북동쪽에 있는 아즈치성에 있는 집과 하인 그리고 가타나검을 받았어요. 이 가타나검이 당시 사무라이의 상징이었기 때문에 야스케를 사무라이라고 부르는 거예요. 야스케는 1582년 노부나가가 심복의 배신으로 전투에 패하고 자결하는 마지막 순간까지 그를 섬겼으나 노부나가의 사망 후 예수회 소속으로 돌아갔다고 해요.

대항해 시대의 전개

앞의 이야기에서 우리는 16세기의 일본에 이탈리아의 예수회 선교사가 자유롭게 드나들었고, 검은 피부를 지닌 아프리카인의 존재는 거의 알려져 있지 않았으나 적어도 서유럽인들은 그리 신기한 존재가 아니었다는 사실을 알 수 있어요. 같은 시대 바로 인접한 조선이 중국이나 일본 외의 다른 나라와 거의 교류가 없었던 것을 고려하면 놀라운 일이지요. 이 16세기 중반에서 17세기 초까지의 시기를 일본의 남만 무역 시대라고 해요. 당시 일본인들은 포르투갈, 에스파냐 사람을 가리켜 남쪽의 야만인, 즉 남만인南蠻人이라고 불렀어요. 그러므로 남만 무역은 주로 포르투갈, 에스파냐와의 무역을 말해요.

그럼 이 시대에는 어떤 일이 있었을까요? 이 시기는 서유럽에서 대발견의 시대 혹은 대탐험의 시대라고 부르는 장거리 해상 무역로의 개척 기간과 맞물려요. 중세 시대 내내 유럽은 거대한 유라시아 대륙의 끝자락에 위치한 세계의 변방에 불과했으나 15세기 초부터 변화가 일어났어요. 가장 먼저 포르투갈의 선원들이 새로운 땅과 부를 찾아 대서양으로 모험을 떠나기 시작했고, 에스파냐의 선원들이 그 뒤를 따랐어요.

포르투갈 선박들은 15세기 초에 서아프리카 해안선을 따라 탐험을 시작했어요. 처음에 항해의 목적은 낙타 카라반을 통해 사하라 사막을 건너오던 금의 원천을 찾는 것이었지만, 나중에는 이슬람 세계를 우회해 인도와 수익성 높은 향신료 무역을 위한 해상로를 개척하는 데 주력하게 되었어요. 카나리아 제도, 마데이라 제도, 아조레스 제도와 같은 대서양의 섬들은 거친 바다를 통과하는 디딤돌 역할을 했는데 초기 유럽의 항해사들은 이 섬들을 지나면서 지구 대기와 해류의 거대한 순환 패턴을 처음으로 알게 되었고, 곧 이를 활용하기 시작했어요.

1497년 바스쿠 다가마의 항해를 시작으로 15세기 후반부터 포르투갈 함선들은 남대서양 해협을 이용해 아프리카 남부 곶을 돌아 동쪽으로 인도와 스파이스 제도(현 인도네시아 말루쿠)로 향하는 항로를 개척했어요. 그 과정에서 지금의 브라질 해안을 우연히 발견하기도 했지요.

그 직전인 1492년, 크리스토퍼 콜럼버스는 에스파냐 왕실의 후원을 받아 대서양을 건너 동양의 풍요로운 땅으로 가는 항로를 찾아 떠났어요. 카나리아 제도에서 출발한 그의 함대는 동쪽의 무역풍을 타고 항해하다가 예기치 않게 완전히 새로운 대륙과 마주쳤지만, 당시에는 그 사실을 알지 못했어요. 몇 달 동안 카리브해 섬들을 탐험한 후 콜럼버스는 아조레스 제도에서 불어오는 편서풍을 타고 유럽으로 돌아왔어요.

흔히 콜럼버스가 아메리카 대륙을 발견하기 전까지 유럽인들은 지구가 평평하다고 생각했다고 알려져 있지만 이는 사실이 아니에요. 이미 고대 그리스 때부터 사람들은 지구가 구형임을 알고 있었고 중세의 학자들은 지구의 형태를 넘어 지구의 크기가 어느 정도인지, 적도선을 넘을 수 있는지, 적도선을 넘어 다른 땅을 발견할 가능성이 있는지에 대해 토론했어요. 물론 성서에 근거해 여전히 지구가 평평하다고 주장하는 성직자들이 없었던 것은 아니나 극히 소수에 불과했어요. 아마도 이 신화는 콜럼버스의 발견을 강조하고 이전 시대의 과학의 발전을 무시하고 싶어 했던 19세기 사람들에 의해 만들어진 듯해요.

한편 16세기 초 에스파냐 선박들은 무역풍을 타고 남아메리카 대륙을 돌아 태평양을 건너서 스파이스 제도로 가는 항로를 발견했지만 새로 구입한 상품들을 본국으로 가져갈 방법도 찾아야 했어요. 그들은 이제는 익숙해진 대서양의 원형 바람 패턴이 태평양에서도 재현된다는 사실을 깨달았고 필리핀에서 일본까지 북쪽으로 올라간 뒤 편서풍을 타고 동쪽으로 아메리카 해안까지 항해하는 방법을 알아냈어요.

이 항로를 통해 필리핀과 멕시코의 에스파냐 기지를 기점으로 비단, 도자기, 향신료와 같은 중국 상품과 아메리카 대륙의 은을 교환하는 무역이 활성화될 수 있었어요. 이러한 장거리 항해 기술의 도약은 유럽의 항해사들이 전 세계의 바람과 해류의 패턴을 이해하게 되었기 때문에 가능했으며, 이로 인해 앞으로 막대한 부를 가져다주게 될 무역로를 개척할 수 있게 되었지요.

남만 무역의 시대

1543년 포르투갈 상인들이 일본 규슈의 다네가시마에 처음으로 도착하면서 일본과 포르투갈의 교역이 시작되었어요. 당시 공식적인 무역 관계는 수립되지 않았으나 이전부터 일본의 해적 집단인 왜구를 통한 밀무역은 이미 성행하고 있었고 이들을 통해 무역의 중요성을 일찍부터 깨달은 규슈의 다이묘들은 포르투갈 상인들을 환영하고 서방과의 교역에 적극적으로 나섰어요. 전국시대의 다이묘들은 이 무역을 통해 총이나 화약, 가죽 제품 및 철 등의 군수품을 획득할 수 있었기 때문에 포르투갈의 무역선에 대한 관심이 아주 높았어요. 이어 예수회 선교사들이 일본에 상륙했고 포르투갈 왕실의 지원을 받은 선교사들은 무역선의 입항을 좌지우지하는 권력을 쥐고 일본에서 포교 활동을 시작했어요.

초기 예수회는 지역의 다이묘들을 주 포교 대상으로 삼았고 크리스트교에 호의적이었던 다이묘들에게 우선적으로 무역선과의 교역을 알선했어요. 1557년 포르투갈 상인들은 일본 정부로부터 정식 교역 허가를 받았고 당시 포르투갈의 식민지였던 마카오와 일본 간의 무역 항로가 개설되었어요. 그들은 주로 중국의 비단과 같은 상품들을 가져와 일본에서 생산된 은과 바꿔 갔어요. 한편 포르투갈 예수회의 포교 활동 역시 순조롭게 진행되어 이 시기 일본 내 크리스트교 신자들의 수는 규슈를 중심으로 수만 명이나 되었어요.

한편, 에스파냐는 포르투갈보다 늦게 태평양 항로를 개척했고 루손섬의 마닐라에 기지를 두고 일본과 접촉했어요. 1606년 에스파냐 선박이 처음으로 일본 간토 지역 가나가와현의 우라항에 들어왔고 필리핀을 중개지로 한 양국의 무역 활동이 전개되었어요.

이 시기에 전국시대를 통일하고 권력을 잡은 오다 노부나가와 도요토미 히데요시 또한 남만 무역을 장려했어요. 중앙 정부 역시 지방의 다이묘들처럼 남만 무역으로 얻을 수 있는 이득에 대해 잘 알고 있었고 노부나가는 포르투갈 상인들과 연계된 예수회의 활동에도 호의적이었어요. 이후 정권을 잡은 히데요시는 크리스트교의 확산을 경계하여 1587년 예수회 사제들에 대한 추방령을 내리고 예수회의 활동 거점이었던 나가사키를 직할지로 전환하였으나 포르투갈과의 무역 관계가 중단될 것을 우려했기 때문에 실제로 추방령을 실행하지는 않았어요. 추방령 이후에도 예수회 사제들은 여전히 상인들과의 통역과 무역 중개자로 활동했지요. 히데요시의 뒤를 이은 도쿠가와 이에야스는 에스파냐와의 무역에 적극적인 자세를 보였고, 교토의 상인 다나카 쇼스케를 에스파냐령 누에바에스파냐(지금의 멕시코)에 보내 무역 관계 성립 가능성을 타진하기도 했어요.

그러나 이후 이에야스의 아들 도쿠가와 히데타다는 크리스트교 세력이 더욱 확장되고 서쪽 지방의 다이묘들의 세력이 강화되는 것을 경계해 해외 무역에 제한을 두었고, 교역 장소를 히라도와 나가사키로 한정시켰으며 1624년에는 에스파냐 선박의 입항을 금지했어요. 한편, 1638년 규슈 시마바라에서 크리스트교 신자들의 난이 일어나자 에도 막부는 크리스트교 금지 조치를 더욱 강화했고 1639년 쇄국령을 내려 포르투갈 선박의 입항마저 막았어요. 이후 일본이 쇄국 체제로 들어가면서 짧은 남만 무역의 시대는 막을 내리게 되었지요.

덴쇼° 소년 사절단

그러나 이 기간 동안 유럽인들만 일본에 다녀간 것은 아니에요. 일본의 젊은이들도 사절단의 형식으로 유럽을 방문했는데 이때 아프리카인 사무라이 야스케를 일본에 데리고 온 발리냐노가 큰 역할을 했어요. 일본에서 예수회 포교 활동을 하던 발리냐노는 일본의 크리스트교 청년들을 유럽으로 데려갈 계획을 세웠는데, 그 계획에는 두 가지 목표가 있었어요.

첫 번째는 크리스트교로 개종한 고상하고 세련된 일본 상류 계급 청년들을 유럽인들에게 소개해 예수회 선교 활동의 성공을 증명하는 것이었어요. 두 번째는 일본인들에게 유럽의 풍요롭고 화려한 모습을 보여 주고, 크리스트교가 유럽 전역에서 누리고 있는 명예와 권위에 대한 깊은 인상을 심어 주려 했어요. 당시 일본인들은 유럽에 대한 구체적인 지식이 없었고 포르투갈 상인과 선교사들이 처음 일본에 도착했을 때, 많은 일본인들은 이 낯선 사람

○ 일본 아즈치모모야마 시대(1573~1591)의 연호.

들이 길고 위험한 여정을 떠나온 이유가 고국의 가난 때문일 것이라고 생각했거든요.

발리냐노가 직접 선발한 네 명의 소년들은 열서너 살 정도의 나이였고 예수회가 일본에 세운 초등 교육 기관인 세미나리요의 학생들이었어요.

발리냐노와 그의 일행은 크리스트교로 개종한 다이묘 오무라 스미타다와 오토모 소린의 소개장을 가지고 1582년 2월 20일 나가사키를 떠났어요. 발리냐노는 원래 소년들과 유럽까지 동행할 예정이었으나 중간 정착지인 고아에 도착한 후 인도에 남으라는 명령을 받았어요. 대신 고아의 예수회 대학 총장 누노 로드리게스가 소년들과 함께 유럽으로 출발했고 나가사키를 출발한 지 2년여의 시간이 지난 1584년 8월 11일 소년들은 드디어 포르투갈의 리스본 항구에 상륙했어요.

리스본에 머무는 동안 일본 사절단은 에스파냐의 국왕 펠리페 2세의 조카인 오스트리아의 알버트 대공 추기경의 영접을 받았고 이후 포르투갈과 에스파냐, 이탈리아의 주요 도시들을 돌며 가는 곳마다 성대한 환영을 받았어요. 유럽을 여행하는 동안 소년들은 유럽에서 가장 강력한 군주였던 펠리페 2세, 두 명의 교황 그레고리 13세와 식스투스 5세를 접견하고 방문지마다 도시의 유력자들의 접대를 받았어요. 심지어 그들은 로마에 머무는 동안 교황 그레고리 13세가 예기치 못한 죽음을 맞고 식스투스 5세가 새 교황으로 선출되는 과정을 목격하기도 했답니다.

그레고리 13세와 식스투스 5세에게서 일본 내 예수회 선교에
재정 지원을 하겠다는 약속까지 받아 낸 사절단은 볼로냐, 베네치
아 등 이탈리아의 몇몇 도시를 더 방문한 다음 1586년 4월 13일에
리스본으로 돌아와 다시 긴 귀국 여정을 시작했어요.

1590년 7월 21일, 8년간의 여행을 마치고 소년에서 청년으로
성장한 사절단은 드디어 나가사키 항구에 도착했으나 그동안 일
본의 정치 상황은 급변했어요. 1582년 6월 노부나가의 사망 후 일
본의 새로운 패권자가 된 히데요시는 무역에는 관심이 있었으나
크리스트교에는 호의적이지 않았고, 앞서 언급했듯이 1587년에
는 선교사들에게 일본을 떠날 것을 명령하는 최초의 반크리스트
교 칙령을 내리기도 했어요. 칙령은 시행되지 않았지만 일본 내 예
수회 선교는 심각한 위기에 처하게 되었지요.

이러한 상황에서 사절단은 1591년 3월 3일 고아 주재 포르투
갈 총독의 대사 자격으로 발리냐노가 교토의 도요토미 히데요시
를 방문할 때 동행해 히데요시를 접견하고 유럽에서 가져온 많은
선물을 전달했어요. 히데요시는 그들이 가지고 온 유럽의 물건들
과 악기 연주에 매우 관심을 보였으며 사절단 중의 한 청년에게는
그의 가신이 되라는 제안까지 했다고 해요.

그러나 그런 호의는 잠시뿐이었어요. 1854년 미국과의 가나가
와 조약으로 다시 문호를 열기 전까지 일본 정부는 크리스트교 탄

17세기 유럽인들이 일본에 도착한 광경을 묘사한 병풍

압과 쇄국 정책을 유지했어요. 1641년부터는 인공섬 데지마에서만 무역 활동을 할 수 있도록 했고, 네덜란드 상인들과의 무역은 계속되었으나 이전의 개방적인 분위기는 사라졌어요. 덴쇼 소년 사절단은 이후 각기 다른 삶을 살게 되었고 일본에서 크리스트교의 명맥이 끊어진 후 그들의 업적도 거의 잊혀졌어요. 세상이 덴쇼 소년 사절단을 다시 기억하게 되기까지는 아직도 한참을 더 기다려야 했지요.

07

자유가 아니면 죽음을:

티 파티로
시작된
미국 혁명

보스턴 차 사건

1773년 12월 16일, 당시 영국의 아메리카 식민지였던 보스턴 항구에서 얼굴을 가린 100여 명의 남자들이 항구에 정박해 있던 동인도 회사° 선박 세 척을 습격해 배에 실린 46톤 무게의 340상자 분량의 차를 바다에 모두 쏟아 버리는 사건이 일어났어요. 시간이 지난 후 사람들은 파티의 즐거움과는 전혀 거리가 멀어 보이는 이 사건에 '보스턴 티 파티'라는 이름을 붙였고 보스턴 티 파티는 미국 혁명이라고도 부르는 미국 독립 전쟁의 시발점이 되었어요. 우리나라에서는 '보스턴 차 사건'으로 부르고 있지요.

그런데 왜 하필이면 이 상징적인 상품이 차였을까요? 우리는 차, 커피, 초콜릿과 같은 음식들을 기호 식품으로 분류해요. 기호 식품의 의미는 쌀, 밀, 고기, 채소와 같은 생존에 꼭 필요한 주식이 아니라 부수적인 삶의 즐거움을 위한 음식이라는 뜻이에요. 그러

° 1600년 동아시아 및 동남아시아, 인도와의 무역 개척을 위해 설립된 영국 회사. 독점적 무역 기관으로 시작했으나 18세기 초부터 19세기 중반까지 정치에 관여하며 인도에서 영제국의 대리인 역할을 함.

나 세계 역사에는 아이러니하게도 필수 식품보다 차와 초콜릿, 커피와 같은 기호 식품 때문에 일어난 사건이 더 많답니다.

차의 학명은 카멜리아 시넨시스Camelia sinensis라고 해요. 이 신비로운 식물은 중국과 인도 사이의 높은 산기슭에서 자랐는데 집중력을 향상시키는 효능이 있다고 여겨졌고 처음에는 음료나 약이 아닌 요리 재료로 사용되었어요. 중국인들은 여름철이면 쌀과 찻잎을 함께 끓인 죽을 먹었고 생강이나 감귤 껍질 등 다른 향신 재료와 함께 갈아 걸쭉한 음료로 만들어 마시기도 했지요.

차가 지금의 맑은 음료 형식으로 만들어진 데에는 8세기 중반 당나라에 살았던 육우라는 사람의 역할이 커요. 육우는 찻잎이 영약이라고 생각했고 다른 재료와 섞으면 그 효능이 약해질 것이라고 생각했어요. 그는 불필요한 재료 없이 물과 찻잎으로만 맛을 낼 수 있는 방법을 연구했고 평생의 연구 결과를 집약해 779년 《차경茶經》이라는 책을 썼어요. 그는 차 연구에 몰두하기 위해 관직도 마다하고 초야에 묻혀 평생을 살았으며 그가 죽은 후 차 상인들은 그를 수호성인으로 숭배했다고 해요. 지금도 중국에서 육우는 차의 신이라는 별명으로 불리고 있어요. 이후 맑고 향기로운 차를 마시는 습관은 황실과 귀족 문화를 넘어 대중에게까지 널리 퍼졌고 16~17세기 중국과 무역하던 유럽 상인들이 처음 차를 접했을 때는 이미 차는 먹는 것이 아니라 마시는 것으로 인식되었어요.

차는 17세기 중반까지는 유럽에 거의 알려지지 않았고 18세기 초까지만 해도 그렇게 많이 보급되지 않았어요. 17세기의 마지막 10년간 동인도 회사 상인들이 잉글랜드에 수입한 찻잎의 양은 수백 킬로그램에 불과했어요. 그러나 1717년에는 9만 킬로그램이 훌쩍 넘었고 1757년에는 거의 140만 킬로그램에 육박했다가 19세기에는 해마다 약 543만 6천 킬로그램의 차가 잉글랜드와 스코틀랜드, 웨일스에 수입되었어요. 아메리카 식민지 사람들은 영국인들보다도 더 많은 차를 소비했는데 1776년에는 약 250만 인구의 식민지에서 영국 전체(당시 인구 약 900만 명)와 같은 양의 차를 수입했다고 해요.

이러한 상황에서 보스턴 차 사건은 1773년 5월 영국 정부가 차법Tea Act을 제정해 동인도 회사에 아메리카 식민지에서 차 판매를 독점할 수 있는 권한을 부여한 것에 항의하는 의미로 벌어진 사건이에요. 차법은 당시 인도의 불안정한 정치 및 경제 문제로 재정적으로 어려움을 겪고 있던 동인도 회사의 빚을 줄여 주기 위한 일종의 구제 금융 정책이었고 차법이 통과되면서 동인도 회사는 팔리지 않아 창고에 쌓아 두었던 약 770만 킬로그램의 차를 식민지 시장에 유리한 조건으로 팔 수 있게 되었어요.

그런데 식민지는 이미 1767년의 톤젠드 세입법Townshend Revenue Act이 통과된 이후로 계속 차에 대한 세금을 내고 있던 상황이었어요. 톤젠드 세입법은 차를 포함해 유리, 납, 석유, 페인트, 종이 등의 상품들에 세금을 부과하는 법이었는데 계속되는 불매 운동과

시위로 인해 1770년 대부분 폐지되었으나 차세는 계속 유지되고 있었어요. 여기에 동인도 회사가 차 무역을 독점하게 되면 식민지의 차 상인들이 불이익을 받고 차 가격은 더 올라갈 것이라는 생각에 식민지인들이 분노한 것이지요.

미국 독립 전쟁의 과정과 결과

보스턴 차 사건의 결과로 1774년 3월 영국 의회는 보스턴이 바닷물에 잠긴 찻값을 배상할 때까지 보스턴 항구를 폐쇄하는 법안을 통과시켰어요. 그리고 5월에는 보스턴 항구의 관할 지역인 매사추세츠 의회의 권한을 제한하고 왕이 직접 임명한 주지사의 권한을 강화했어요. 또한 법 집행 또는 폭동 진압 과정에서 발생한 범죄로 기소된 공무원이 다른 영국 식민지나 영국 본토로 재판 장소를 변경할 수 있도록 허용했어요.

매사추세츠 식민지의 주민들은 이러한 강압적인 행위에 지방 법원의 업무를 방해하고 의원들의 의원직 사퇴를 강요하며 저항했고, 함께 위기감을 느낀 식민지인들은 1774년 9월 제1차 대륙 회의를 개최해 강압법에 대한 반대를 선언하고 영국 상품에 대한 불매 운동과 대(對)영국 수출 금지를 촉구하게 되었어요.

그러자 영국 의회는 1775년 2월 매사추세츠 식민지가 반란 상태에 있다고 선언했고 1775년 4월 19일에는 영국군과 매사추세츠 민병대가 렉싱턴과 콩코드에서 총격전을 벌였어요. 여기에 무장한 뉴잉글랜드 지역의 주민들은 보스턴의 영국 요새를 포위했어요. 1776년 3월 조지 워싱턴이 이끄는 대륙군이 고지인 도체스터 하이츠를 점령해 대포를 발사하며 승기를 잡았고 결국 영국군은 보스턴에서 철수했어요. 식민지에서는 이 기회에 독립을 쟁취해야 한다는 여론이 들끓었는데, 1775년 3월 23일 대륙 회의에 보낼 대의원을 선출하기 위해 모인 제2차 버지니아 대회에서 하노버 카운티의 대표 패트릭 헨리는 '전쟁은 이미 시작되었고 더 이상 사슬에 묶인 노예처럼 살 수는 없으니 자유가 아니면 죽음을 택하겠다'는 감동적인 연설로 많은 사람들의 마음을 사로잡았어요. 1776년 7월 2일 대륙 회의에서 독립 결의안이 통과되었고 7월 4일에는 독립 선언문이 채택되었어요. 이날이 지금의 미국 독립 기념일이지요.

 1778년 프랑스가 공식적으로 개입하면서 식민지 독립 전쟁은 국가 간의 전쟁으로 확산되었어요. 영국과 프랑스는 주요 작전 무대가 된 서인도 제도, 서로 상대방의 노예 무역 기지를 점령하려 했던 서아프리카, 라이벌 동인도 회사가 지배권을 다투던 인도 등 경쟁 관계에 있던 전 세계 모든 지역에서 충돌했고 에스파냐와 네덜란드도 각각 1779년과 1780년에 전쟁에 참전했어요. 1781년 10월 버지니아주의 요크타운에서 조지 워싱턴의 대륙군은 프랑스군의 도움을 받아 찰스 콘월리스 경이 이끄는 영국군의 주요 거

점들을 점령했어요. 콘월리스의 항복으로 전쟁은 사실상 종결되었어요.

1782년 프랑스 외무장관 베르젠 백작의 주도하에 평화 협상이 시작되었어요. 미국은 당시 아직 독립 국가로서 완전한 체계를 갖추지 못했고 각기 다른 헌법과 체계를 가진 식민지들의 느슨한 동맹체에 불과했어요. 미국의 대표로 참가한 벤저민 프랭클린과 존 애덤스가 실제로 미국 전체를 대표할 수 있는 권한을 갖고 있었는지는 의문이었으나 여전히 에스파냐, 프랑스와 전쟁 중이었던 영국은 일단 시급한 문제를 해결해야 했어요.

프랭클린은 이 협상에서 캐나다를 넘겨주면 평화를 주겠다는 파격적인 제안을 했는데 그 요구는 받아들여지지 않았어요. 사실 이미 캐나다는 전쟁과 독립에 반대해 이주한 영국 충성파들의 피난처가 되어 있었으므로 이는 무리한 요구였지요. 그러나 영국은 동부의 식민지들뿐만 아니라 애팔래치아산맥 서쪽 영토에 대한 모든 영유권을 포기하는 안에 동의했고 이로써 미국은 잠재적으로 광대한 국토를 확보하게 되었어요.

물론 그곳에는 원주민들이 살고 있었고 그들의 의견은 전혀 고려되지 않았지만 협상가들에게 그것은 전혀 중요하지 않은 문제였어요. 1783년 9월, 양측은 마침내 파리 조약이라 불리는 평화 조약에 서명했고 이 조약으로 영국과 미국 간의 전쟁은 공식적으로 종결되었어요.

그러나 조약에서 다루지 않은 사항 중 하나는 새로 독립한 국가의 생존과 발전에 결정적으로 중요한 무역이었어요. 많은 미국인들은 평화가 찾아오자마자 영제국과 자유롭게 교역하던 시절로 돌아갈 수 있을뿐더러 독립을 통해 다른 유럽 국가들과도 자유롭게 교역할 수 있는 길이 열릴 것이라고 생각했어요. 어떤 이들은 미국의 무역 시장에 새로운 황금기가 올 것으로 섣불리 기대했으나 그러한 예측은 지나치게 낙관적인 것으로 드러났어요.

영국은 카리브해 식민지들과 미국의 중요한 무역로를 단절해 신생 국가를 경제 불황에 빠뜨렸어요. 이때 더 이상 북아프리카의 해적들로부터 영제국이 제공하던 보호를 받지 못하게 된 미국 무역선의 수백 명의 선원들이 해적선의 포로가 되었고, 미국은 이들을 돌려받기 위해 많은 몸값을 지불해야만 했어요. 아이러니하게도 미국의 무역을 다시 살린 것은 곧이어 발생한 프랑스 혁명과 나폴레옹 전쟁이었어요. 계속된 전쟁으로 곡물 수확량이 줄어들면서 유럽은 미국산 곡물이 필요해졌는데 이는 누구도 예측할 수 없었던 일이었지요.

차에서 커피로

한편 미국 혁명은 정치뿐 아니라 미국인들의 식생활에도 큰 변화를 가져왔어요. 미국 혁명 이전까지만 해도 아메리카 식민지인들이 가장 사랑했던 카페인 음료는 차였어요. 이미 앞에서 식민지인들이 영국 본국인들보다 세 배가 넘게 차를 많이 마셨다는 통계를 소개했지요. 그러나 미국 혁명 이후 영국 문화와 관련된 모든 것이 기피되고 대체되었어요. 1773년 보스턴 차 사건 때문에 차가 식민지에서 억압의 상징이 된 후 커피가 더욱 대중화되었어요. 차를 마시는 습관은 미국적이지 않은 것으로 폄하되었고 커피가 진정한 애국자들이 마시는 음료로 여겨졌어요. 실제로 1774년 존 애덤스가 아내 애비게일에게 보낸 편지에도 이제 차를 포기하고 대신 커피를 받아들이는 법을 배워야 한다는 내용이 있어요.

여기에는 애국심뿐 아니라 저렴해진 커피 가격도 큰 역할을 했는데 프랑스의 커피 생산 식민지였던 카리브해의 생도맹그(지금의 아이티 공화국)와 브라질에서 커피를 직접 수입할 수 있게 되면서 커

남북 전쟁 당시 병사에게 지급된 보급품 커피

피 가격은 1683년 파운드당 18실링 하던 것이 1783년에는 1실링으로 내려갔어요. 원두에 대한 수입 관세를 인하했다가 1832년에는 아예 폐지해 버린 정부의 정책은 이러한 변화를 더욱 촉진했어요.

커피는 산업화가 빨리 이루어지고 영국이 아닌 다른 유럽 지역에서 온 이민자의 비중이 높았던 북부에서 더 인기가 있었어요. 1861년 4월 남북 전쟁이 발발하면서 커피 소비는 더욱 늘어났어요. 커피는 비교적 저렴하고 쉽게 상하지 않았으며 군인들의 입맛에 잘 맞았어요. 그전까지 커피를 한 번도 맛보지 못한 병사들도 커피에 중독되었고 전쟁이 끝난 후에도 커피의 인기는 식지 않았어요.

　1878년 뉴욕에서 발간된 커피와 향신료 거래를 전문으로 다루는 신문인 《스파이스 밀The Spice Mill》에는 "이제 커피는 모든 가정에서 없어서는 안 될 필수품으로 간주된다"는 기사가 실리기도 했답니다. 1900년대 초에 미국인들은 1인당 차 소비량의 거의 10배에 가까운 커피를 소비했고 이는 전 세계 커피 소비량의 40퍼센트에 해당했어요. 1950년대가 되자 미국인들의 커피 소비량은 미국을 제외한 세계 모든 나라의 커피 소비량을 합친 것보다도 20퍼센트 가량 많아졌어요.

권력자들이 두려워한 악마의 잔:

커피와
프랑스 혁명

정치의 장이 된 커피 하우스

앞 장에서 보았듯이 프랑스의 참전은 미국 독립 혁명을 승리로 이끄는 데 결정적인 역할을 했어요. 겉보기에 프랑스는 탁월한 선택을 한 것으로 보였지요. 그러나 승리의 기쁨도 잠시, 프랑스는 곧 심각한 재정난에 빠지게 되었어요. 전쟁에 참여하면서 지출한 엄청난 비용을 새로 건국된 미국과의 무역으로 만회하려는 계획은 영국의 방해와 미국 상인들의 비협조적인 태도로 실현되지 못했어요. 영제국은 아메리카 식민지를 잃었지만 아시아와 대서양에서는 여전히 우위를 점하고 있었고, 점점 쌓여 가는 부채와 높은 세금, 금융 위기로 인해 민심이 돌아선 프랑스는 혁명의 길로 들어서게 되었어요. 승리는 참으로 값비싼 대가를 치렀던 것이지요.

이렇듯 경제가 어려워지고 민심이 흉흉한 가운데 미국 혁명과 독립 선언문의 발표는 프랑스 계몽주의자들에게 큰 영향을 주었는데, 당시 지식인들은 삼삼오오 카페에 모여 새로운 사상들을 논하고 국제 정세에 대한 정보를 주고받았어요. 사람들이 만나서 교제하는 장소는 이전에도 있었지만 카페, 즉 커피 하우스는 술집과 같은 다른 사교 장소들과는 분위기가 매우 달랐어요.

카페인이 함유되어 정신을 맑게 하는 커피의 기능은 이슬람 세계에서는 일찍부터 알려졌어요. 전승에 따르면 9세기경 에티오피아의 '칼디'라는 목동이 염소들이 나무에서 열매를 먹고 흥분하는 모습을 보고 커피의 효능을 발견했다고 해요. 목동은 지역 수도원의 수도원장에게 이 열매의 존재를 알렸고, 수도원장은 열매를 말리고 끓여 음료를 만드는 아이디어를 떠올렸어요.

수도원장과 수도사들은 곧 이 음료를 마시면 몇 시간 동안은 잠을 자지 않고 깨어 있을 수 있다는 사실을 알게 되었는데, 이는 장시간 기도에 전념하는 남성들에게 딱 맞는 음료였어요. 소문이 퍼지면서 커피는 아라비아반도까지 퍼져 나가 16세기까지 페르시아, 이집트, 시리아, 튀르키예에서 가장 인기 있는 음료가 되었어요.

동아프리카와 중동 지역에서는 커피를 집에서도 즐겼지만 주로 '퀘베 카네qahveh khaneh'라고 불리던 커피 하우스에서 마셨어요. 이 커피 하우스는 곧 유행이 되어 사교를 위한 장소로 자리 잡았는데, 이곳에서는 커피를 마시며 대화를 나누는 동안 음악 공연, 춤, 체스 게임 등의 다양한 오락을 즐길 수 있었고, 그날에 벌어진 여러 사건들의 뉴스와 정보들을 실시간으로 교환할 수 있었어요. 커피 하우스는 '현자들의 학교'라는 별칭으로 알려졌고 세상 돌아가는 소식을 알고 싶을 때 찾는 장소가 되었지요.

　이러한 커피 하우스의 새로운 기능은 때로는 권력자들의 골칫 거리가 되었어요. 17세기 중반 이스탄불에는 600여 개의 커피 하우스가 있었는데, 어느 날 밤 이스탄불의 한 커피 하우스를 몰래 방문한 술탄 무라드 4세는 술을 마시는 사람들이 취해서 노래를 부르며 흥겹게 노는 반면 커피를 마시는 사람들은 냉정함을 유지하며 정부에 대항하는 음모를 꾸미는 것을 발견했다고 해요. 그는 궁궐로 돌아가 커피 금지령을 내렸고 이스탄불의 모든 커피 하우스는 문을 닫아야 했답니다.

　유럽에서 커피는 이슬람 도시들과 교역하던 베네치아를 통해 처음 수입되었지만 처음에는 이슬람의 냄새를 풍기는 사탄의 발명품으로 여겨져 경계의 대상이 되었어요. 일설에 따르면 교황 클레멘스 8세에게 이 음료를 금지해 달라는 청원이 들어갔을 때 커피를 직접 시음해 보고 그 맛에 반한 교황은 "이 악마의 음료는 너무 맛있으니 세례를 주어 악마를 속여야겠다!"라고 말했다고 해요. 이후 커피는 크리스트교 세계에서도 통용되었고 악마의 음료 또는 악마의 잔이라는 별칭을 갖게 되었어요. 1650년과 1652년에는 영국의 옥스퍼드와 런던에, 1683년에는 오스트리아 빈에 최초의 커피 하우스가 생겼어요.

　일상생활을 다룬 자세한 일기를 남긴 것으로 유명한 영국의 정치인 새뮤얼 피프스는 1660년 12월 10일 런던의 커피 하우스를

팔레 루아얄의 카페 랑블랭에서 체커를 두는 남자들

처음 방문했고, 사람들과 담소를 나누며 즐거운 시간을 보냈다고 일기에 적었어요. 많은 사람들에게 커피 하우스는 지금의 신문이나 인터넷과 다름없었는데, 피프스의 일기에는 네덜란드와의 분쟁에 대한 최신 소식, 여러 곳에서 목격된 혜성(1664년 12월 15일), 전염병의 위협과 대책(1665년 5월 24일), 로마 제국에 대한 다양한 논의, 깨어 있는 것과 꿈꾸는 것의 차이, 곤충에 대한 이야기(1663년 11월 3일) 등 커피 하우스에서 나눈 다양한 주제들이 언급되어 있어요. 런던의 커피 하우스들은 이스탄불에서와 마찬가지로 가십과 정치적 논쟁의 장소였으며 왕의 눈에는 선동의 장소로 보였어요.

영국의 왕 찰스 2세는 커피 하우스의 파괴적인 정치적 영향을

크게 우려해 1675년 커피 하우스의 폐쇄를 명령했으나 대중의 분노가 극에 달하자 며칠 만에 이 명령을 철회해야 했어요. 18세기 초까지 영국에는 약 3,000개의 커피 하우스가 생겼어요.

곧 프랑스 파리에도 카페들이 생겼고 많은 지식인과 예술가들이 카페로 모였어요. 카페는 다양한 사람들이 자유롭게 모일 수 있는 장소였으며, 카페에서 사람들은 검열이나 탄압에 대한 두려움 없이 정치와 사회 문제에 대해 자유롭게 토론할 수 있었어요. 함께 이상을 나누며 토론하는 가운데 서로 다른 사회 계층의 사람들 사이에도 공동체 의식이 싹텄고 카페는 혁명적 아이디어가 뿌리를 내리고 성장할 수 있는 공간을 제공했어요.

프랑스 혁명 당시에 가장 유명했던 카페는 1686년에 문을 연 카페 드 프로코프였는데, 이 카페는 볼테르, 루소, 몽테스키외 등 계몽 사상가들의 아지트이기도 했어요. 볼테르는 하루에 커피를 열 잔 넘게 마시는 커피 애호가로 유명했고, 그가 늘 앉았던 테이블과 의자는 이후 카페의 명물이 되었어요. 또한 여기에서는 로베스피에르, 당통, 에베르, 데물랭 등 프랑스 혁명의 주역들이 커피를 마시며 중요한 사안들에 대해 토론을 벌이는 모습도 자주 볼 수 있었어요. 당시에는 가난한 포병 장교였던 나폴레옹 보나파르트도 이곳을 자주 찾았는데 카페 주인 프로코프가 젊은 보나파르트에게 커피 외상값을 갚을 때까지 모자를 맡겨 두라고 강요했다는 일화도 전해지고 있답니다.

프랑스 혁명의 전개 과정

그럼 이러한 혁명의 아이디어는 어떻게 현실이 되었을까요? 앞서 언급했듯이 18세기 후반 프랑스 경제는 위기에 처해 있었어요. 미국 독립 전쟁을 비롯한 여러 전쟁들에 참전하면서 지출한 엄청난 비용은 회수되지 않았고 태양왕으로 알려진 루이 14세의 말년부터 이미 국가 재정은 파탄 지경에 이르렀어요. '앙시앵 레짐'이라고 불렀던 구체제의 사회 구조에서 인구의 3퍼센트에 불과한 성직자와 귀족 계급은 전체 토지의 1/3을 소유했고 직접세를 면제받았으며 고위직을 독점하고 사법적인 특권을 누렸어요. 이로 인해 엄청난 사회적 불평등과 불만이 생겼지만 절대 군주 루이 16세는 사치스럽고 퇴폐적이며 군주의 권위만 강조하고 백성들을 돌아보지 않는 것처럼 보였어요. 이러한 상황에서 앞서 일어난 영국의 명예혁명과 미국의 독립혁명에 자극받고 계몽주의 이상에 영향을 받은 프랑스의 사상가들은 절대 군주의 신성한 통치권에 도전하며 개혁에 대한 요구를 불러일으켰어요.

한편 심각해진 재정난을 해결하기 위해 루이 16세는 1789년 5월 5일 175년 만에 베르사유 궁전에서 '삼부회'를 열었어요. 성직자와 귀족, 평민의 세 신분 대표가 참여하는 삼부회는 머릿수 표결과 신분별 표결 방식을 놓고 의견이 충돌했는데, 성직자와 귀족들은 신분별 표결을, 평민 계급은 머릿수 표결을 제안했어요.

각자의 이해관계가 얽혀 논의는 지지부진했고 결국 머릿수 표결 방식이 채택되지 않자 제3신분 대표들은 6월 17일 독자적인 회의를 열어 스스로를 '국민의회'라고 부르고 헌법이 제정되기 전까지는 해산하지 않겠다고 선포했어요. 국민의회는 7월 9일에는 제헌국민의회의 출범을 알리고 최고 입법 기관으로서 프랑스 헌법 제정에 착수했어요. 루이 16세는 표면적으로는 새 의회의 활동을 방임하는 듯했지만 파리 외곽으로 군대를 소집하고 재무장관 자크 네케르 등 진보적인 장관들을 해임했어요.

7월 12일 이 사실이 파리에 전해지자 파리 시민들은 격분해 무장 시위를 벌였고 저널리스트 카미유 데물랭은 파리 중심가인 팔레 루아얄의 카페 드 포이 앞에 모인 군중들에게 무기를 들 것을 촉구했어요. 7월 14일 파리 민중들은 무기를 구하기 위해 당시 정치범을 수용하는 감옥이었던 바스티유 감옥을 습격했어요. 이것이 유명한 '바스티유 습격 사건'이며 지금도 프랑스 사람들은 이날을 혁명 기념일로 지키고 있답니다.

파리에서 일어난 무장 충돌의 소식이 프랑스 전역에 퍼지자 농민들도 일어나 스스로 무장하고 영주의 성을 공격했으며 봉건 문서를 불태웠어요. 이에 의회는 봉건적 권리, 관직의 불평등, 세금 불평등을 폐지하는 법안을 내놓았고 8월 26일에는 '인간과 시민의 권리 선언'을 발표해 구체제 이후 새로운 사회 질서의 원칙을 제시했어요. 이 선언문은 근대 시민 국가의 시작을 알리는 중요한 전환점이 되었으며 개인의 자유, 권리와 기회의 평등, 종교적 신념의 자유, 언론의 자유, 정치적 의견의 자유를 명시하고 있어요. 그 와중에 1791년 6월 국왕 가족이 프랑스를 탈출하려는 시도를 하다 잡혀 오면서 왕가의 위상은 크게 손상되었어요.

그해 8월 오스트리아의 황제와 프로이센의 왕이 필니츠 선언을 발표해 '혁명 프랑스'를 심판하겠다는 의지를 표명했고, 1792년 4월, 입법의회는 오스트리아에 선전 포고를 했어요. 1792년 9월 입법의회의 뒤를 이은 국민공회는 프랑스를 공화국으로 선포하고 같은 해 12월 국왕에 대한 재판을 열어 왕과 왕비를 처형했어요.

계속되는 전쟁과 반혁명의 압박이 고조되면서 국민공회의 급진 파들은 내부의 적을 처단해야 한다고 생각했고, 이는 로베스피에르와 공안위원회의 공포 정치로 이어졌어요.

이 기간 동안 반혁명론자들뿐 아니라 관용주의자들도 적으로 돌려져 당통, 데물랭 등 초기 혁명의 중심 세력들이 처형되었고 계속되는 공포 정치에 지친 1794년 7월의 테르미도르 반동으로 로베스피에르와 생쥐스트, 쿠통을 비롯한 공포 정치의 주역들도 단두대의 이슬로 사라졌어요. 반혁명의 분위기는 계속 이어져 총 재정부라는 과도기를 거쳐 혁명군을 이끌던 나폴레옹이 쿠데타를 일으켰고, 1804년 나폴레옹이 스스로 황제의 자리에 오르면서 프랑스는 다시 왕정 국가로 돌아갔지요. 삼부회의 소집부터 테르미도르 반동까지 겨우 5년의 기간 동안 폭풍처럼 몰아친 프랑스 혁명은 오래 유지되지는 못했지만 혁명이 제시한 '인간과 권리 선언'은 지금의 근대 시민 사회 개념의 기초가 되었으며 선언의 원칙들은 혁명 기간에 실제 법안으로 실행이 되었어요.

1789년 12월에는 개신교도들이 시민권을 획득했고, 1791년 9월에는 유대인들에게도 완전한 시민권이 주어졌어요. 1789년 8월 4일, 신분에 의한 특권제가 폐지되었고 세금을 내는 모든 시민들(능동적 시민)에게 투표권을 부여했어요. 이후 군주제가 전복되면서 능동적 시민과 수동적 시민의 구분이 폐지되어 모든 남성 시민이 참정권을 갖게 되었고, 모든 시민은 법에 따라 정의와 보호를 받을 동등한 권리를 받게 되었어요. 1790년 6월, 특권 세습의 종결과 함께 귀족 신분도 폐지되었어요. 여성의 투표권은 인정되지 않았으나 평등의 원칙에 따라 성별에 관계없이 동등하게 상속받을 권리와 자유롭게 이혼할 권리가 생겼어요. 고문이 불법화되었고 1791년의 헌법에서는 개인 자유의 원칙에 따라 이전까지는 중죄로 여겨졌던 동성애 행위도 처벌받지 않았어요. 물론 이러한 개혁적인 법률들은 혁명이 지나간 후 많은 부분이 다시 원상태로 돌아갔고 다시 실

행될 때까지는 많은 시간을 기다려야 했으나 잠시나마 실제로 집
행이 되었다는 사실은 큰 의미가 있어요.

식민지에 미친 혁명의 여파

한편 프랑스 혁명의 소식은 대서양 건너 카리브해의 프랑스 식민지였던 생도맹그에서도 혁명의 불꽃을 쏘아 올렸어요. 1789년 프랑스 혁명 발발 소식을 듣고 희망을 얻은 자유 흑인과 혼혈인들은 백인들과 동일한 권리를 달라고 요구했어요.

투표권 요구가 거절되자 폭동이 일어났으나 곧 진압되었고 지도자였던 뱅상 오제는 체포되어 사형을 당했어요. 오제의 처형 소식이 프랑스에 전해지자 의회는 식민지 주민들을 비난하고 1791년 5월 재산을 소유하고 자유롭게 태어난 유색 인종 남성에게 투표권을 부여하는 법안을 통과시켰어요. 그러나 생도맹그의 총독은 이 법령의 집행을 거부했고 1791년 8월 자유 유색 인종 주민들은 식민지 정부에 반기를 들고 백인 민병대 및 왕실의 군대와 충돌했어요.

한편 같은 달 22일에는 흑인 노예들이 단합해 농장을 불태우고 증오의 대상이었던 농장주들을 살해하며 무장 봉기를 일으켰어요. 한 달 만에 10만 명 이상의 흑인 노예들이 참여한 봉기가 이어졌는데 이 사태로 1,000여 개의 농장이 불에 탔고 1,000명 이상의 유럽인들이 목숨을 잃었어요. 반란은 빠르게 확산되고 큰 피해를 입혔지만 백인들은 여전히 식민지의 주요 도시를 통제했고 결국 프랑스에서 군대가 도착해 반란을 진압할 것이라고 확신하며 노예들과 협상하기를 거부했어요.

한편 1792년 4월, 프랑스의 입법의회는 식민지 내 자유 유색 인종들에 대한 모든 차별을 완전히 폐지했어요. 이 결정은 인간의 권리 선언이 인종의 경계를 넘어 확장되어야 한다고 믿는 사람들의 지지를 받았으나 흑인 노예 봉기에 대항해 자유 유색 인종들과 백인 농장주들의 연대를 강화시키는 이유를 제공하기도 했어요.

1792년 가을 프랑스군은 섬 대부분을 탈환하는 데 성공했지만 프랑스 본토에서 루이 16세가 폐위되고 공화정이 시작되면서 식민지의 백인들은 정치적으로 분열되기 시작했어요. 1792년 6월 혁명과 유색 인종에게 권리를 주는 것에 반대하는 식민지 농장주들은 유색 인종의 권리에 긍정적이었던 행정관 레제 펠리시테 손토낙스의 명령에 따르기를 거부하고 무장 투쟁을 벌였어요. 그들은 이웃 섬인 영국령 자메이카에 도움을 요청했고 이 기회를 틈타 영국과 스페인이 혁명 프랑스에 선전 포고를 하고 군대를 보내자 전력이 더 필요했던 행정관은 급진적인 조치를 취했어요. 흑인 반란군에게 백인 농장주들이 점령한 도시 공격을 요청하고 혁명 편에서 싸운 노예는 해방될 것이라고 약속한 것이지요.

결국 전투에서 승리한 손토낙스는 1793년 8월 노예제 폐지령을 전체 노예 인구로 확대 적용했어요. 그리고 1794년 2월 프랑스 국민공회가 전체 식민지의 노예제 폐지를 공식적으로 확인하면서 생도맹그의 흑인 노예들은 그토록 원하던 자유를 얻게 되었어요. 이후 나폴레옹이 집권하면서 프랑스 식민지들에서 노예제를 다시 부활시키고 반란군 장군 투생 루베르튀르를 체포했지만 1803년 11월 18일 혁명군은 베르티에르 전투에서 프랑스군을 격파하고 최종 승리를 거두었어요.

　1804년 1월 1일 드디어 아이티 공화국이 설립되었어요. 이 혁명은 인류 역사상 유일하게 성공한 노예 해방 혁명이었고 아프리카 대륙 밖에서 수립되었지만 최초의 현대 아프리카 공화국을 탄생시켰어요. 1805년 독립 아이티의 헌법은 아이티 영토에서 노예제를 영원히 폐지했답니다.

09

누구의 말도 믿지 말라:

세계관을
바꾼
과학 혁명

과학 혁명의 시대

혁명이라는 용어는 인류의 역사에서 나타난 다양한 시기의 다양한 변화들을 지칭할 때 폭넓게 쓰이는 단어예요. 이 용어는 앞서 살펴본 미국 독립 혁명과 프랑스 혁명처럼 특정한 역사적 사건을 가리키기도 하지만 당대부터 지금까지 전 세계적으로 영향을 끼친 역사의 큰 분기점들을 의미하기도 해요. 이번 장에서 다루게 될 혁명은 앞의 두 혁명과는 달리 언제 시작해서 언제 끝났는지, 어떤 것들이 포함되고 포함되지 않는지, 그 원인과 결과가 구체적으로 무엇인지 아무도 정확하게 말할 수 없지만 인류의 삶을 이전에는 상상할 수 없을 만큼 바꿔 놓은 변화에 관한 것이에요.

이스라엘의 역사학자 유발 하라리는 세계적 베스트셀러가 된 그의 저서 《사피엔스》에서 이런 가정을 하고 있어요.

"1,000년경에 살던 에스파냐의 어느 농부가 잠이 들었다가 500년 후에 깨어나 콜럼버스의 산타마리아호를 목격한다 해도 그는 여전히 그 세상을 매우 익숙하게 느낄 것이다. 그러나 만일 콜럼버스의 선원들 중 한 명이 같은 식으로 잠에 빠졌다가 다시 500년 후 아이폰 벨소리에 잠을 깬다면 그는 자신을 둘러싼 세상을 도저히 이해할 수 없을 것이다. 지난 500년간 인간의 힘은 경이적이고 유례없이 커졌다."

유발 하라리가 말하는 지난 500년간 세상을 변화시킨 힘은 무엇일까요? 예. 누구나 짐작할 수 있듯이 과학의 발전이에요. 물론 인류의 탄생 이래로 인간은 생존을 위해 계속해 자연을 이해하고 이용하려고 노력해 왔어요. 그러나 어떤 시기부터는 이전보다 훨씬 빠른 속도로 발전이 이루어졌고 특히 서유럽에서 일어난 과학 혁명과 산업 혁명은 이전까지 역사의 변방에 머물던 서유럽이 세계사의 주역으로 발돋움하는 데 크게 기여했어요.

중세 시대에 십자군 전쟁을 계기로 고대 그리스와 이슬람의 자연 과학들을 접하고 대학의 설립으로 학문적 발전을 이루었으나 큰 틀에서는 여전히 종교적인 사고의 지배를 받던 유럽인들의 인식은 르네상스와 인문주의를 거쳐 점차 변하게 되었어요.

한편 종교 개혁으로 가톨릭 교회의 독점 지배 아래 있던 유럽은 다양한 교리를 갖는 수많은 종파들이 공존하는 곳으로 바뀌었고 사람들의 관심은 신에게서 자연과 인간으로 옮겨 갔어요.

16세기와 17세기를 거치면서 자연을 바라보는 관점이 급격히 변화했어요. 수학, 물리학, 천문학, 생물학, 화학의 발전은 주변 세계를 바라보는 시각에 영향을 주었고, 사람들은 세상이 어떻게 돌아가는지를 성서의 교리와 추상적 원리에 따라 이해하기보다 개인의 경험과 과학적 실험을 통해 얻은 실제 지식에서 추론하려 했어요. 자연을 유기체가 아닌 기계로 보는 관점, 특정 이론의 틀 안에서 제한된 질문에 대한 명확한 답을 찾는 실험적이고 과학적인 방법론이 등장했고, 과학의 발전이 이 세상을 더 잘 이해하게 한다는 인식이 확산되었어요.

최초의 과학 혁명은 천문학에서 시작되었어요. 1543년 폴란드의 천문학자 니콜라우스 코페르니쿠스는 태양이 중심에 있고 지구가 그 주위를 돌면서 움직인다는 주장이 담긴 논문을 발표했고, 이는 과학뿐 아니라 전통적인 사회의 가치 및 오랜 종교적 신념과 가르침에 이의를 제기하는 도전들의 시초가 되었어요.

코페르니쿠스가 천문학 분야에서 이룬 발전은 다른 분야에서도 찾아볼 수 있는데 그가 태양 중심설을 주장한 같은 해에 파도바 대학의 해부학자 안드레아스 베살리우스는 혈액 순환에 관한 획기적인 연구 결과를 발표했어요. 역시 천문학자였던 갈릴레오 갈릴레이는 질량이 다른 물체도 같은 속도로 떨어진다는 사실을 알아냈고, 망원경의 성능을 개선해 달 표면의 산과 계곡을 발견하고 목성에서 가장 큰 네 개의 위성을 발견했어요. 한편 1628년 영국의 의사 윌리엄 하비는 심장이 어떻게 혈액을 체내로 보내는지를 밝혀내어 의학 발전의 새로운 장을 열었어요.

과학 혁명에서 빼놓을 수 없는 인물이자 가장 영향력이 있었던 인물은 과학적 방법론을 개발해 '경험론의 아버지'라는 칭호를 얻은 영국의 정치가이자 철학자인 프랜시스 베이컨이에요. 그는 지식에 대한 새롭고 급진적인 접근법의 일환으로 관찰과 추론에 기반한 과학적 방법을 제안했는데, 그 방법론에 따르면 가설은 엄격한 실험을 통해 증명되거나 반증되어야 했고 기존에 통용되던 지식이라 해도 다시 실험을 거쳐 증명해야 했어요.

이러한 과학적 방법론을 실현하기 위해 새로운 단체들이 만들어졌어요. 17세기 초 이탈리아에서 시작된 과학 학회의 설립 운동은 1662년 왕실 헌장을 받아 세워진 영국의 '자연 지식 향상을 위한 런던 왕립 학회The Royal Society of London for the Improvement of Natural Knowledge'와 1666년 결성된 프랑스의 '파리 과학 아카데미Académie des sciences'라는 과학 혁명의 정점을 이루는 두 개의 대표적인 국립 과학 학회가 설립되며 절정에 이르렀어요. 이러한 학회에서 자연철학자들은 새로운 발견과 오래된 이론을 검토하고 토론하고 비판하기 위해 모임을 가졌어요. 학회의 이름으로 과학 논문이 발표되기 시작했고 실험과 발견을 다른 사람들이 재현할 수 있도록 새로운 보고 규범이 고안되었어요.

이를 위해서는 언어의 정확성과 실험 또는 관찰 방법을 기꺼이 공유하려는 의지가 필요했어요. 다른 사람들이 같은 조건에서 같은 결과를 재현하지 못하면 기존의 논문은 의심의 눈초리를 받게 되었지요. 이는 지금의 과학자들도 여전히 사용하고 있는 방식인

데 현대의 과학자들도 항상 자신의 실험 결과와 그 의미에 관한 논문을 관련 학회에서 발표하고 동료들의 검증을 받아요. '만유인력의 법칙'으로 유명한 아이작 뉴턴이 학회장을 지내기도 했던 런던 왕립 학회의 신조는 '누구의 말도 믿지 말라'는 뜻의 눌리우스 인 베르바Nullius in verba였답니다.

17세기 중반부터는 과학과 과학의 작동 원리에 대한 관심인 '새로운 자연 철학'이 모든 사회 계층에 걸쳐 유행했어요. 영국의 왕 찰스 2세부터 떠오르는 중산층, 심지어 평민들에 이르기까지 기술과 과학에 관심을 갖고 정보를 공유하며 실험하는 새로운 아이디어가 꽃을 피웠어요.《젊은 베르테르의 슬픔》,《파우스트》등 유명한 작품을 쓴 대문호 요한 볼프강 폰 괴테도 광물학 연구로 유명한데, 그가 1786년 9월부터 1788년 5월까지 이탈리아를 여행한 기록인《이탈리아 기행》곳곳에는 광물과 지질에 관한 그의 관심과 관찰 기록이 많이 나타나 있어요. 그는 새로운 광물을 찾기 위해 베수비오산을 네 번이나 등반했다고 해요. 1806년 독일에서 발견된 철광석 중의 하나인 괴타이트Goethite는 그의 이름을 따서 이름 붙여졌어요.

곤충학자 마리아 지빌라 메리안

이 시기에는 남성뿐 아니라 여성도 자연에 깊은 관심을 가지고 과학의 발전에 많은 기여를 했어요. 세계관의 혁명은 남성만의 전유물이 아니었던 것이지요. 여기에서 당시에는 제대로 인정받지 못했지만 현대에 들어와 재평가되고 있는 두 명의 뛰어난 여성 과학자를 소개하려 해요.

1647년 프랑크푸르트에서 태어난 마리아 지빌라 메리안은 어릴 때부터 누에를 직접 키우는 등 곤충에 관심이 많았어요. 화가였던 양아버지에게 그림을 배운 메리안은 당시의 풍경 화가들처럼 애벌레나 나비 등이 함께 있는 꽃 그림을 즐겨 그렸고 판매도 하면서 자연 화가로서의 명성을 쌓았어요. 화가로 활동하면서도 메리안은 곤충에 관한 연구를 계속해 1679년 자신이 직접 그린 삽화를 넣은 자연 관찰서《애벌레, 그들의 경이로운 변태와 꽃에서 얻는 독특한 영양분》을 출판했어요. 이 책에서 메리안은 상호 연결된 생태계의 한 부분으로서 곤충의 역할을 강조하고 자연을 설

명하는 새로운 방법을 제시
했지요.

이후로도 20년간 그림을
그리며 독학으로 곤충 연구
를 계속하던 메리안은 더
다양한 자연을 관찰하기 위
해 1699년 52세의 나이에
딸과 함께 남아메리카 해안
의 네덜란드 식민지였던 수
리남으로 떠났어요. 그녀는
수리남에서 열대 우림을 탐
험하며 붓으로는 도저히 표

《애벌레, 그들의 경이로운 변태와
꽃에서 얻는 독특한 영양분》(1679)의 표지

현할 수 없는 이국적인 아름다움을 지닌 곤충들에 대한 기록을 남
겼는데, 가장 아름다운 군청색, 녹색, 보라색이 겹쳐진 광택 나는
은빛 나비와 28센티미터에 달하는 날개를 달고 열대 정글을 날아
다니는 거대한 흰마녀나방, 바닐라 난초와 파인애플, 벌새를 잡아
먹을 만큼 큰 따오기와 거대한 타란툴라에 이르기까지 자연의 경
이로움은 무궁무진했어요.

수리남은 자연 관찰에 최적화된 아름다운 곳이었지만 익숙하
지 않은 기후 때문인지 말라리아나 황열병으로 추정되는 병에 시
달리던 메리안은 1701년 6월 결국 유럽으로 돌아와야 했어요. 수

리남 여행은 메리안의 가장 기념비적인 작품을 낳았는데, 1705년 메리안은 90종의 곤충의 변태와 53종의 식물을 묘사한 60개의 화려한 삽화가 담긴 《수리남 곤충의 변태》를 출간했어요. 이 아름다운 책에는 개구리, 두꺼비, 도마뱀, 뱀, 거미 등 다양한 동물들도 수록되어 있는데, 그중 일부는 유럽인들에게 알려지지 않은 종류였어요. 이 책은 뛰어난 예술적 업적일 뿐만 아니라 메리안이 묘사한 경이로운 곤충들이 갑자기 나타난 것이 아니라 다른 형태에서 변형된 것이라는 분명한 과학적 메시지를 담고 있었어요.

당시에 일반적으로 받아들여졌던 자연 발생설은 생물이 무생물에서 발생한다는 과학 이론이었어요. 예를 들면 구더기는 오래된 고기에서, 나방은 오래된 양털에서 자연적으로 발생한다는 것이지요. 메리안은 오랫동안 곤충과 자연을 관찰한 결과 그 이론이 틀렸다고 생각했고 자신의 그림을 통해 이를 반증하려 했어요. 그녀는 단순히 자연의 아름다움을 전하는 화가가 아니라 관찰과 분석을 통해 자신의 이론을 정립한 과학자이기도 했어요. 1717년에 세상을 떠날 때까지 메리안은 방대한 분량의 작품을 남겼고 이후 여러 세대에 걸쳐 예술가와 과학자 모두에게 영향을 미쳤어요.

고생물학자 메리 애닝

훨씬 큰 생물체에 관심을 가진 여성도 있었어요. 메리안이 세상을 떠난 지 80여 년이 지난 1799년에 영국에서 태어난 메리 애닝은 과학계에서 여성의 지위가 극히 미미했던 시절에 고생물학 분야의 선구자가 되었어요. 그녀는 이미 12세 때 길이가 5미터가 넘는, 지금까지 발견된 것 중 가장 완전한 익티오사우루스Ichthyosaurus의 골격을 발굴해 박물관과 수집가 모두의 관심을 끌었어요. 성인이 되어서도 화석 사냥을 계속하던 1823년 겨울, 그녀는 목이 길고 날개가 네 개 달린 '바다 용' 플레시오사우루스Plesiosaurs의 거의 완전한 골격을 최초로 발견했고, 이 발견으로 학계에서도 유명해졌어요. 애닝은 자신이 발견한 화석과 그 잠재적 가치를 평가하기 위해 전문 지식이 필요했기 때문에 과학 논문들을 읽었고 자신이 발견한 신비한 생물을 더 잘 이해하기 위해 다른 여러 생물들을 해부해 연구했어요. 그러는 과정에서 애닝은 고생물학에 대한 풍부한 지식을 축적했고 후에 디모르포돈Dimorphodon이라고 이름 붙여진 익룡의 한 종류를 최초로 발견하기도 했어요.

애닝의 가장 중요한 학문적 공헌 중 하나는 그녀가 발견한 이상한 돌이 실제로 '분화석', 즉 화석화된 배설물이라는 것을 정확하게 추론한 것이에요. 애닝은 이 특이한 모습의 돌을 깨면 안에서 간혹 어류나 다른 작은 동물의 뼈나 비늘 등이 나오는 것을 관찰했고, 그 정체가 공룡의 대변이라는 사실을 처음 알아냈어요. 이를 통해 과학자들은 공룡의 식단을 추측할 수 있었고, 공룡의 생활 방식에 대한 연구를 진전시킬 수 있었어요. 애닝은 1829년에 이 돌을 '분화석coprolite'이라고 명명하고 학계에 연구 결과를 보고했으나 여성이었기 때문에 보고서에 단독으로 이름을 올릴 수는 없었어요. 애닝이 발견한 화석들은 많은 사람들의 관심을 받았고 그녀는 누구보다도 화석에 대한 지식이 많았으나 여전히 애닝은 과학계의 외부인으로 남아 있어야 했어요.

애닝이 수집한 놀라운 화석들은 여전히 연구의 대상이 되고 있어요. 2015년 영국 맨체스터대학의 고생물학자 딘 로맥스와 뉴욕 브록포트대학의 주디 마사레 교수는 1억 8천 9백만 년에서 1억 8천 2백만 년 전에 지금의 영국 지역에 살았던 새로운 어룡 종을 발견했어요. 이 새로운 종은 애닝을 처음에 세상에 알렸던 익티오사우루스의 변종 중 하나였고 그들은 이 변종에 애닝의 이름을 넣어 익티오사우루스 애닝애Ichthyosaurus anningae라는 이름을 붙였어요. 그들의 연구에 사용된 표본 중 하나는 애닝 자신이 직접 발견한 것이었는데 이는 모든 발견이 발굴 현장에서만 일어나는 것은 아니며 박물관의 전시물들에서도 새로운 과학적 발견이 이루어질 수 있다는 가능성을 보여 주었어요. 메리 애닝이 남긴 유산은 지금도 사람들이 새로운 관점을 가지게 하는 데 기여하고 있는 것이지요.

달콤한 역사의 쓰디쓴 그림자:

대서양
노예 무역

설탕 플랜테이션의 발전과 노예 노동

2018년 4월, 영국 정부는 어린이와 청소년들의 비만이 사회적 문제가 된다는 이유로 설탕이 많이 함유된 탄산음료에 특별 세금을 매기는 법령을 시행했어요. 이렇게 지금은 정부 차원에서 가능한 한 설탕 소비를 줄이려고 여러 노력을 하고 있지만 300년 전의 영국인들은 설탕을 보다 쉽게 구하고 저렴한 가격에 수입하기 위해 못 할 일이 없었답니다.

근대 초까지도 유럽인들에게는 꿀이 유일한 천연 감미료였고 그 외의 당을 보충할 방법은 과일 정도였지요. 사탕수수가 작물로 처음 재배된 곳은 기원전 300년 인도였다고 해요. 이 작물은 무려 천 년이 지나서야 동아시아와 중동 지역으로 전해졌고, 사탕수수를 처음 대규모로 재배한 사람들은 아랍인들이었어요.

8세기에 이베리아반도를 점령한 아랍인들은 이집트에서 가져온 사탕수수를 옮겨 심었고 유럽인들은 십자군 전쟁 중 이곳을 지나면서 이 새로운 식물을 알게 되었어요. 베네치아의 상인들이 가장 먼저 중세 유럽의 설탕 교역을 장악했지만 15세기 무렵 오스만 제국의 영토가 확대되자 베네치아 상인들은 사탕수수를 기르던 이슬람 지역에 더 이상 접근할 수가 없게 되었어요. 그러자 막 대서양으로 진출하던 포르투갈인들은 나우스와 카라벨라스, 마데이라 같은 대서양의 섬들과 아프리카 해안의 상투메 등에서 설탕 생산을 시작했어요. 상투메에서 설탕 생산은 혁명적으로 발전했는데 혁명치고는 참으로 끔찍한 혁명이었어요. 근처 해안가에 거주하던 아프리카인들이 노예로 잡혀 와 이곳의 설탕 플랜테이션에서 강제 노역을 하게 되었던 것이에요.

점차 늘어난 수요를 따라잡기 위해 포르투갈은 남아메리카의 브라질에도 사탕수수를 심어 설탕 생산을 확대하기로 결정했어요. 이로써 아메리카 대륙은 세계 설탕 무역에 기여한 네 번째 대륙이 되었는데 역사학자 케네스 포메란츠의 표현처럼 설탕은 아시아의 작물과 유럽의 자본, 아프리카의 노동력, 아메리카의 땅이 결합된 진정한 의미의 '국제적인 작물'이었어요. 설탕 플랜테이션은 세계 최초의 근대적 공장이라고 볼 수 있어요. 잘 훈련된 대규모 노동력이 있었고 작업 과정도 공장의 생산 라인처럼 분업과 통합이 적절히 이루어졌거든요. 정교한 정제 기술과 비싼 장비도 필요했어요.

그러면 왜 설탕 플랜테이션에 노예가 필요했을까요? 고대 세계에서 노예 노동은 흔했지만 이 무렵 유럽에서 노예제는 이미 없어졌고 아프리카에서도 사라져 가고 있었어요. 대서양의 노예 무역은 초기에는 주로 해적들에게서 산 노예를 에스파냐가 가진 카리브해 식민지로 보내 금 채굴에 이용하는 정도였으나, 포르투갈이 브라질에서 설탕 플랜테이션을 시작하면서 이 모든 것이 바뀌었어요. 코르테스의 아즈텍 정복 이후 남아메리카의 원주민들은 유럽인들과의 만남에서 치명적인 전염병을 원치 않는 선물로 받았고 원주민들의 인구는 급격히 감소했어요. 식민지에 온 유럽인들은 힘든 노동을 하고 싶어 하지 않았고 이주한 인구 자체도 매우 적었어요. 일찍부터 대서양 연안과 아프리카의 섬들에서의 경험으로 설탕 생산에 막대한 노동력이 필요하다는 것을 알았기에 포르투갈인들은 아프리카에서 노예들을 대량으로 이송하기 시작했어요.

대서양 노예 무역의 발전

엄청난 수의 아프리카인 노예들이 처음에는 브라질로, 그다음에
는 카리브해의 프랑스와 영국 식민지들로 그리고 북아메리카로
보내졌어요. 17세기 말에는 연간 최대 3만 명의 아프리카인들이 이
송되었는데, 한 세기 후 그 숫자는 거의 세 배로 증가했어요. 1642년
부터 1800년까지 네덜란드, 영국, 프랑스의 노예선은 500만 명
이상의 아프리카인을 신대륙으로 실어 날랐고 이후 1850년까지
200만 명이 추가로 수송되었어요. 1525년 출항한 최초의 노예선
부터 1866년 쿠바로 향하는 마지막 노예선까지, 노예선을 타고 대
서양을 건넌 아프리카인의 수는 총 1200만 명이 넘었어요.

대서양 노예 무역은 인류 역사상 가장 큰 규모의 강제 이동이
되었고 유럽과 아메리카 대륙의 모든 해양 국가들이 참여했어요.
노예 무역이 발전함에 따라 대서양의 항로도 점점 더 많이 발달
했고, 그 과정에서 설탕과 담배처럼 처음에는 사치품이었던 상품
들이 전 세계 사람들의 저렴한 일상 용품이 되었지요. 앞 장에서

설탕

우리는 차와 커피가 얼마나 유럽 사회에서 인기 있는 음료가 되었고 어떤 중요한 사회적인 역할을 했는지를 살펴보았어요. 사실 이러한 차와 커피의 대중화에는 설탕이 기여한 바가 컸어요. 신세계의 노예 플랜테이션 덕분에 유럽의 대중들이 부담 없이 설탕을 구입할 수 있게 된 때는 17~18세기 무렵인데 이 시기에는 집을 떠나 소규모 작업장이나 초기 공장에서 일하는 노동자들이 점점 더 늘어났어요.

노동 시간이 정해진 산업 사회의 노동자들은 농부들처럼 한낮에 집에 가서 느긋하게 점심을 먹기는 어려웠고, 중간에 잠깐씩 쉬면서 설탕이 들어간 차를 한 잔 마시는 습관이 일상으로 자리 잡았어요. 지금도 영국에서는 많은 사람들에게 이 티타임이 매우 중요한 하루의 일과랍니다. 공식적인 티타임이 있는 회사원들은 물론이고 공사장의 인부들이나 정원을 가꾸는 정원사들도 보온병에 뜨거운 물을 담아 다니며 일 중간에 티타임을 갖는 모습을 흔히 볼 수 있어요. 파리에서는 커피가 유행하면서 설탕이 더욱 대중화되었고 심지어 17세기 파리의 약제사 뒤푸르는 사람들이 커피에 설탕을 너무 많이 넣어서 '시커먼 설탕 시럽물'이 되어 버렸다고 불평하는 기록을 남기기도 했어요.

대서양을 횡단하는 노예선의 종류는 다양했으나 노예 무역이 절정에 달했을 때는 500명 이상의 노예들을 실어 나르는 대형 선박이 등장했어요. 그중 가장 유명한 배인 브룩스호Brooks는 207톤

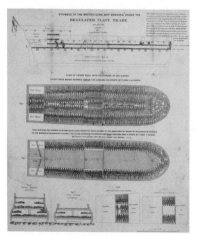

노예제 폐지 운동 팸플릿에 사용된
노예선 브룩스호의 내부

의 큰 선박으로, 영국 리버풀에서 출항한 총 10번의 항해 동안에 5,163명의 아프리카인들을 수송했어요. 브룩스호의 내부 평면도는 당시 노예 무역의 끔찍함을 보여 주는 상징으로 노예제 폐지론자들의 중요한 선전 도구가 되기도 했어요.

아프리카인들은 이름, 가족, 친구 등 모든 것을 빼앗긴 채 배에 올랐어요. 그들 중 대다수는 원래 노예가 아니었고 당연히 항해 내내 저항이 끊이지 않았지요. 선박 10척 중 1척은 어떤 형태로든 노예 반란을 경험했으며 선원들에게는 항상 쇠사슬과 족쇄가 필요했어요. 물론 노예 상인들이 일부러 노예들을 죽이거나 해치려 한 것은 아니에요. 노예들은 중요한 상품이었으니까요. 그러나 악천후, 열악한 보급품, 때로는 비좁은 배 안에서 창궐하는 질병, 반란을 두려워한 선원들의 엄격한 통제 등은 노예선의 아프리카인들에게 큰 피해를 입혔어요. 노예선에서의 고통은 유례없이 끔찍했으며 살아남은 모든 이들에게 신체적, 정신적 상처를 남겼어요.

노예 해방 운동의 전개

이러한 노예선의 참상은 노예제 폐지론이 대두되는 데 큰 역할을 했어요. 18세기 후반 본격적인 노예 무역 폐지 운동이 일어나는 중요한 계기가 되는 사건이 발생했어요. 리버풀에서 출발한 노예선 종호Zong의 선원들이 자메이카의 블랙 리버로 향하던 중 물이 부족해지자 노예로 잡혀 있던 133명의 아프리카인을 배 밖으로 던져 버렸던 것이지요.

이 경악할 만한 사건은 종호의 선주였던 그레그슨 부부가 상업적 손실에 대한 보상을 청구하고 보험사를 고소하면서 많은 사람에게 알려졌어요. 당시에 노예들은 사람이 아닌 화물로 취급되었고 그레그슨 부부가 화물에 대한 손실 보상을 보험사에 청구했는데, 보험사가 지급을 거부했기 때문이에요. 노예제 폐지론자 그랜빌 샤프는 해방된 노예이자 노예제 폐지 운동가였던 올로다 에퀴아노로부터 이 사건에 대한 소식을 들었고 해군성을 설득해 선원들을 살인 혐의로 기소하려고 시도했지만 실패했어요.

그는 얼마 지나지 않아 노예 무역에 반대하는 자체 캠페인을 시작한 퀘이커 교도들과 손을 잡았는데 그들의 청원서와 선전물에 노예선 브룩스호의 유명한 이미지가 처음 등장했어요. 이들의 활약으로 의회와 영국의 대중은 노예 무역의 잔인한 현실을 알게 되었지요.

노예 노동은 식민지에서 주로 이루어졌고 노예들이 유럽 본토로는 거의 오지 않았기 때문에 그때까지 대다수의 일반인들은 노예 무역의 실체에 대해 자세히 알지 못했어요. 노예 해방론자들이 있었으나 그들의 목소리는 대개 노예 제도의 성공으로 얻은 부의 창출에 묻혀 버렸어요. 하지만 1776년 미국 독립 선언 이후 영국에서는 상황이 급변하기 시작했어요. 한편에서는 계몽주의, 한편에서는 기독교 신앙에 기반한 새로운 정치적, 종교적 감성이 부상하면서 노예제 폐지 운동은 널리 확산되었어요. 또한 탈출 노예 출신이었던 여러 노예 해방론자들은 전국 각지를 다니며 강연과 연설을 통해 노예제의 참혹한 현실을 알리는 데 앞장섰어요.

올로다 에퀴아노는 그중에서도 가장 유명한 해방 노예였는데 그는 기니의 작은 마을 에사카 출신으로 11세 때 여동생과 함께 노예 사냥꾼들에게 납치되었어요. 며칠 뒤 남매는 헤어져 각각 팔려 갔고 이 주인, 저 주인을 거치며 노예 생활을 하던 에퀴아노는 1766년 21세의 나이에 몸값을 지불하고 자유를 얻었어요. 그는 이후 20여 년간 무역선을 타고 전 세계를 여행했으며 과학자 찰스

어빙 박사의 조수가 되어 북극에 다녀오기도 했어요.

자신은 자유인으로서의 삶을 계속 누릴 수 있었으나 동료 노예들의 처지를 잊지 않았던 에퀴아노는 1786년 런던으로 돌아온 후 노예제 폐지 운동에 뛰어들었어요. 그는 다른 아프리카인들과 함께 '아프리카의 아들들'이라는 노예제 폐지 운동 단체를 결성했고 1788년에는 샬롯 왕비를 직접 만나 서인도 제도에서 벌어지는 폭정과 노예들에 대한 억압에 주목해 달라는 탄원서를 제출하기도 했어요. 1789년에는 자신의 경험담을 담은 자서전을 출간했고 1797년 사망할 때까지 노예 해방 운동가로 활동했어요.

이러한 활동에 힘입어 1788년 의회 회기가 끝날 때까지 하원에 도착한 노예 폐지 청원서는 100건이 넘었고 1792년에는 전국적으로 50만여 명의 영국인들이 노예 무역과 노예 노동에 대한 적대감을 표시하기 위해 서인도산 설탕 섭취를 거부하는 운동에 참여했어요. 몇 주 만에 약 40만 명의 서명이 담긴 519건의 청원서가 하원에 도착했어요. 이 시기에 노예 무역을 찬성하는 청원의 수는 단 4건에 불과했으니 여론이 이 문제를 결정할 수 있었다면 영국의 노예 무역은 1792년에 폐지되었을 거예요.

노예 무역이 남긴 것들

'어메이징 그레이스'라는 잘 알려진 찬송가를 작곡한 노예 상인 출신의 존 뉴턴을 비롯한 노예 해방론자들의 감동적인 이야기와 그들이 거둔 승리는 오랫동안 전 세계에 선전되었고 잘 알려져 있어요. 그러나 수천 명의 다른 사람들이 노예제 폐지에 반대했다는 사실은 자주 잊혀져 왔어요. 영국의 노예 소유주들은 지속적으로 노예제 찬성 로비에 자금을 댔고 1833년 여름 드디어 노예제 폐지법이 통과되었으나 노예제 폐지론자, 노예 소유주, 정부 간의 논의는 노예제 폐지의 대의와는 매우 상반되는 타협으로 끝이 났어요.

노예제 폐지법을 통해 80만여 명이 노예의 신분에서 해방되었지만 노예 소유주들은 당시 영국 역사상 가장 많은 보상금을 받았어요. 영국 전역의 노예 소유주 4만 4000여 명에게 약 2000만 파운드의 보상액이 책정되었고, 노예 소유주에게 금전적인 보상을 해 주는 이 정책 모델은 국제적으로 표준이 되어 프랑스, 네덜란드, 덴마크, 스웨덴 등 여러 나라에서 비슷하게 시행되었어요.

1835년에 영국 정부가 노예 소유주들에게 보상금을 주기 위해 받은 대출은 2015년에야 모두 상환되었어요. 무려 180년 동안 영국의 납세자들이 그 비용을 지불해 왔던 셈이지요.

그러나 어느 나라에서도 정작 해방 노예들은 배상을 받지 못했어요. 노예제의 직접적인 피해자였던 흑인 노예들은 협상의 자리에 참여하지 못했고 그들의 의견은 의사 결정권자들의 고려 대상이 아니었어요. 게다가 보상받지 못한 것은 돈만이 아니었어요.

우리는 앞서 말리 제국을 다루면서 아프리카의 과거를 역사가 없는 암흑의 시대로 보는 시각에 대해 살펴보았지요. 사실 이러한 관점은 노예 제도의 유산과 깊은 관련이 있는데 이는 서유럽 국가들이 아프리카와 신대륙 간에 노예를 거래하기 시작하면서 굳어진 편견에서 비롯했기 때문이에요. 대서양 노예 무역이 활성화되기 이전인 중세와 르네상스 시대까지만 해도 많은 유럽인들과 아시아인들은 아프리카의 나라들과 교역하며 아프리카의 발전된 문명에 대해 인식하고 있었어요.

7세기에 캔터베리 대주교로 브리튼섬에 도착해 40여 년간 잉글랜드의 학문적 발전을 이끌었던 하드리아누스는 지금은 리비아 땅인 북아프리카의 아폴로니아 출신이었어요. '막대기와 돌을 숭배하던' 부족들이 살고 있던 세계의 가장 바깥쪽 끝에 북아프리카의 수도원장이자 저명한 학자가 파견된다는 것은 그 당시만 해도 놀라운 발상이었고 숭고한 자기희생으로 여겨졌어요. 또한 16세기 튜더 시대의 영국에는 바늘 제작자, 비단 직조공, 잠수부, 가정부 등 다양한 직업을 가진 아프리카인들이 있었어요. 그들은 에스파냐나 포르투갈 등 지중해 연안의 국가를 통해 영국에 들어왔으며 그들 중 일부는 영국 상인들과 무역 관계를 맺기 시작한 아프리카 통치자들의 후손들이었어요. 헨리 8세의 궁정 음악가 존 블랭크는 초상화로도 남아 있는데, 그는 노예가 아니었고 정당한 임금을 받는 궁정의 고용인이었어요. 이들 평범한 아프리카인들에 대한 기록은 법원의 증인으로서, 사후에 남긴 재산 목록으로, 물건을 사고판 거래 내역으로 남아 있어요. 거래 상품이 아니라 거래의 주체로서 말이지요.

이처럼 대서양 노예 무역은 종식되었지만 여전히 노예제의 폐해는 남아 있어요. 아프리카는 부당하게 암흑의 대륙이라는 오명을 얻었고 전 세계에 흩어진 노예의 후손들은 오랫동안 편견과 차별에 맞서 싸워야 했어요. 프랑스 혁명의 정신을 이어받아 세계 최초로 노예 해방 혁명에 성공했던 아이티는 독립을 쟁취한 지 불과 20여 년이 지난 1825년, 군사력을 앞장세운 프랑스의 배상 요구에 직면했어요. 역사적으로 노예 해방을 실행한 국가들에서 노예들에게 배상금을 청구한 경우는 없었고 전쟁의 배상금은 일반적으로 패전국에게 부여되는 것이니 스스로의 힘으로 싸워 독립을 쟁취한 아이티가 배상금을 지불할 이유는 전혀 없었어요. 그러나 프랑스는 이전 노예 소유주들에게 배상금을 주거나 다시 전쟁을 시작하라고 협박했고 당시 외교적으로 고립되고 국력이 미약했던 아이티는 그 요구를 받아들일 수밖에 없었어요. 프랑스 정부는 이전 노예 소유주들의 땅과 재산, 그들이 소유했던 노예들의 금전적 가치까지 계산하여 배상금을 요구했고 그 금액을 마련하기 위해 아이티 정부는 프랑스의 은행들로부터 대출을 받아야만 했어요. 아이티는 1888년에 노예 소유주에 대한 마지막 배상금을 지불했지만 빚은 여전히 남아 있었어요.

2022년 5월 20일자 《뉴욕 타임스The New York Times》는 '아이티 비극의 뿌리'라는 제목의 특별 기사에서 아이티 국민들이 지불한 배상금과 부채의 총액을 계산하였는데 그 금액은 지금의 화폐 가치로 약 5억 6천만 달러였어요. 이 기사에 따르면 1825년부터 1957년까지 아이티의 국가 부채는 매년 국가 수입의 평균 19%를 차지했으며, 특정 해에는 부채가 국가 수입의 40% 이상이 된 적도 있었다고 해요. 만약 이 금액을 프랑스로 보내지 않고 지난 2세기 동안 국내 경제에 투자했다면 그 가치는 몇십 배로 늘어나고 아이티는 다른 라틴 아메리카 국가들과 같은 수준의 발전을 이룰 수도 있었을 것이나 그런 기회는 주어지지 않았고 아이티는 아직도 세계에서 가장 가난한 나라 중 하나로 남아 있어요. 어떤 의미에서 노예제의 완전한 청산은 아직 이루어지지 않았어요.

11

만들어진 전통:

민족주의의 양면성

민족주의란 무엇인가?

지금 시대의 학생들에게는 생소하겠지만 1990년대 이전에 학교에 다녔던 어른들이라면 누구나 "우리는 민족 중흥의 역사적 사명을 띠고 이 땅에 태어났다…"로 시작되는 국민 교육 헌장을 암기했던 기억이 있어요. 인간이 왜 태어났으며 삶의 의미가 어디에 있는지는 인류의 역사가 시작된 이래로 모든 철학과 종교에서 고민해 온 주제일 거예요.

그런데 이 국민 교육 헌장은 첫머리에서 그 고민을 명쾌하게 해결해 줘요. 우리가 태어난 목적은 민족 중흥의 역사적 사명 때문이라는 것이죠. 중간 부분에는 이러한 구절이 나와요.

"우리의 창의와 협력을 바탕으로 나라가 발전하며, 나라의 융성이 나의 발전의 근본임을 깨달아, 자유와 권리에 따르는 책임과 의무를 다하며, 스스로 국가 건설에 참여하고 봉사하는 국민정신을 드높인다."

나라의 융성이 개인의 발전의 근본이라는 것이지요. 이 헌장의 시작 부분에 '민족'이라는 단어가 등장하고 중간에는 '나라'와 '국민'이라는 단어가 나오는데 이 세 단어는 우리말에서는 각각 다르게 표현되나 영어에서는 다 같은 단어랍니다. 바로 우리가 잘 아는 'nation'이라는 단어가 이 세 가지 의미를 모두 포함하고 이 'nation'을 인간의 삶에서 가장 중요한 가치이자 목적으로 두는 사상을 민족주의nationalism라고 해요.

그럼 '민족nation'은 무엇일까요? 사실 '민족民族'이라는 단어는 원래 우리나라에서 사용하던 말이 아니에요. 19세기 말에 일본에서 'nation'의 번역어로 사용되다가 중국을 경유해서 우리나라에 수입된 단어라서 한자나 우리말 어원으로 그 뜻을 짐작하기는 어려워요. 민족주의는 원래 서양에서 시작된 사상이니 서양에서 그 단어가 어떻게 사용되었는지를 살펴보기로 하지요.

민족의 정의는 아직까지도 여러 학자들이 논쟁하는 주제이고 그렇게 간단히 정리할 수는 없어요. 그러나 역사적으로 유럽에서 봉건제가 몰락하며 절대 군주제가 등장하고 이후 계몽주의의 발전과 프랑스 혁명이 이어지면서 민족주의가 발전했다는 점에는 대다수의 학자들이 동의해요. 특히 프랑스 혁명은 왕이나 종교가 아닌 국민이 국가의 진로를 결정해야 한다는 신념인 국민 주권 사상을 도입했다는 점에서 큰 의미가 있어요. 17~18세기의 계몽주의 시대에 존 로크와 장 자크 루소와 같은 철학자들은 통치 권력이 국민에게 있어야 한다고 주장하며 사회 계약과 국민 주권에 대한

167

아이디어를 제안했어요. 이들은 평등한 시민의 집합체로서의 '국가'라는 개념을 강조했는데 그들의 철학적 이상은 프랑스 혁명을 통해 실현되었어요. 정리하자면 프랑스 혁명과 함께 등장한 근대적 의미에서의 민족은 사회와 정치에 참여하는 국가의 평등한 구성원인 시민이고 국경으로 확정된 영토에 주권을 행사하는 존재라고 볼 수 있어요.

프랑스 혁명은 나폴레옹 전쟁을 통해 유럽 전역에 민족주의 사상을 확산시켰어요. 19세기는 흔히 '민족주의 시대'로 불리는데 민족주의라는 용어는 19세기 전반에 걸쳐, 특히 이 시기에 등장한 민족의 자결권과 독립을 옹호하는 수많은 민족 운동에서 더 널리 사용되었어요. 이러한 민족주의 정서에 힘입어 이탈리아(1861)와 독일(1871)의 통일도 이 시기에 이루어졌지요.

그런데 민족 국가가 먼저 탄생한 영국과 프랑스의 경우에는 국가가 먼저 존재하고 민족의 개념이 형성된 반면 처음부터 단일 국가로 조직되어 있지 않던 독일의 경우에는 정치적 통일 이전에 공통의 문화를 공유하는 독일 민족을 먼저 만들려는 시도가 있었어요. 독일의 낭만주의자들은 언어, 종교, 전통, 역사 등 문화적 요소를 공유하면 민족 내부의 일체감과 다른 민족과의 차별성을 강화할 수 있다고 생각했고, 이를 위해 고대의 신화와 부족적 연대와 같은 역사와 문화를 강조했어요. 그들이 정의한 민족은 국가보다도 훨씬 더 이전의 혈통과 언어로 묶여 있는 종족과 비슷한 개

넘이었어요.

한스 콘이라는 학자는 이를 프랑스 혁명에서 나타난 근대적 의미의 민족과 비교해 시민적civic 개념과 종족적ethnic 개념의 두 가지 유형으로 민족을 구분했어요. 이 두 가지 종류의 민족 개념은 이후 민족주의의 발전 과정에서 다양한 모습으로 섞여서 나타나는데 시민적 민족주의의 발상지인 영국과 프랑스에서도 국민들을 하나로 결속하고 국가의 위상을 높이기 위해 종족적 민족주의를 고양하려는 시도가 등장했어요. 프랑스인들은 고대에 로마의 정복군을 맞아 용감히 싸운 갈리아의 부족장 베르생제토릭스Vercingetorix를 발굴해 프랑스의 상징으로 부각시켰고, 그를 모델로 하여 만들어진 만화 캐릭터 아스테릭스는 프랑스에서 디즈니의 미키마우스에 비교될 만큼 큰 인기를 끌었어요. 영국인들 역시 로마군에게 끝까지 저항한 부디카Boudica 여왕의 이야기를 공식 교육 과정에 넣었지요.

새로운 전통 만들기

민족의 정체성을 확립하고 힘을 하나로 모아 결속력을 다지려는 노력은 때로는 고유의 전통을 찾는 데 그치지 않고 새로운 전통을 만들어 내기도 했어요. 영국의 역사가 트레버 로퍼는 우리가 흔히 스코틀랜드의 전통 의상과 무늬라고 알고 있는 킬트와 타탄 무늬의 역사를 연구하고 킬트가 스코틀랜드인이 아니라 잉글랜드인에 의해 처음 만들어졌다는 사실을 밝혀냈어요. 1730년경 스코틀랜드 인버네스 인근 지역에서 철광석 제련 공장을 운영하던 잉글랜드인 사업가 토머스 롤린슨은 스코틀랜드인들의 전통적인 복장인 허리에 벨트를 매는 원피스식의 의복이 공장 일에 적합하지 않다고 생각했고, 노동에 적합한 상의와 분리되어 입을 수 있는 짧은 치마 형태의 하의를 고안했어요.

당시에 바지는 꽤 비싸서 스코틀랜드의 가난한 노동자들이 작업복으로 입기는 어려웠어요. 만들기도 쉽고 따라서 가격도 저렴한 킬트는 곧 많은 사람들이 입는 흔한 복장이 되었고 어느새 스코틀랜드인들의 고유 복장으로 인식이 되었어요. 일부 스코틀랜드 지도층 인사들은 노동자들이 입는 저급한 옷이 스코틀랜드를 대표하는 복식이 되는 것을 못마땅하게 여겼지만 그들의 우려와는 상관없이 어느새 킬트는 스코틀랜드를 상징하는 의복이 되어 버렸지요. 2023년 5월 영국의 왕 찰스 3세의 대관식에도 킬트를 입고 백파이프를 연주하는 스코틀랜드 군악대가 등장했어요.

킬트는 스코틀랜드의 상징인 타탄 무늬 옷감으로 만들어지는데 스코틀랜드의 각 부족clan들은 각각 고유의 타탄 문양을 가지고 있고 그 문양으로 어느 부족인지 파악할 수 있다고 알려져 왔어요. 그러나 그 근거가 되는 이야기는 황당하답니다. 스코틀랜드 민족주의가 왕성하게 퍼져 나가던 1842년, 《스코틀랜드인들의 옷장Vestiarium Scoticum》이라는 제목의 책이 50부 한정판으로 출판되었어요. 원본은 이미 없어졌지만 필사본으로 남은 오래된 자료들을 조합했다고 알려진 이 책에는 스코틀랜드 각 부족들의 고유한 타탄 무늬가 어떤 방식으로 짜이며 어떤 색 조합으로 배합이 되는

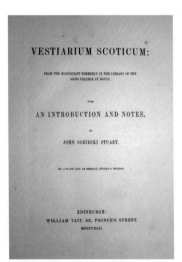

1842년에 출판된 《스코틀랜드의 옷장》 표지

지에 대해 그림을 곁들인 자세한 정보가 실려 있었어요.

　작가 월터 스콧 등 책의 진위에 의구심을 가진 사람들도 있었지만 스코틀랜드 민족주의자들과 직물 생산자들의 호응에 힘입어 곧 이 책은 더 화려하고 방대한 분량으로 다시 출판이 되었어요. 그러나 이 책은 실제로는 스튜어트라는 가짜 성을 사용했던 앨런 형제의 위조 작품이었는데 이 사기꾼들은 심지어 스코틀랜드 사람도 아니었어요. 그러나 이 사실이 알려진 후에도 이 책은 이후 발간된 스코틀랜드 타탄 무늬에 관한 여러 서적들에서 계속 인용되었다고 해요.

　트레버 로퍼의 이 글은 영국의 저명한 역사학자 에릭 홉스봄과 여러 역사가들이 함께 쓴 《만들어진 전통》이라는 책의 한 부분이에요. 이 책의 저자들은 민족 정서의 근간이 되는 많은 전통들이 실제로는 민족주의의 활성화를 목적으로 급조된 비교적 최근의 산물이라고 주장해요. 이러한 전통 만들기는 스코틀랜드뿐 아니라 세계 곳곳의 많은 나라에서 이루어졌고 민족의 힘을 하나로 뭉치는 데에도 사용되었으며, 종종 다른 민족이나 국가를 배제하는 의도로도 사용이 되었어요.

　한 예로 독일의 나치 정권은 가장 우수한 아리안족 혈통이야말로 진정한 독일인을 판별하는 기준이라고 주장했고 그 주장을 정당화하기 위해 우생학이라는 학문을 만들어 냈지요. 순수한 아리안족의 혈통을 가진 사람들만 진정한 독일인이며, 그 독일인

나치 잡지 표지에 실린 헤시 태프트의 사진

들은 세계에서 가장 우수한 종족이라는 주장이에요. 우생학은 과학의 형식을 갖추고 있었지만 실제로는 아리안족의 우수성을 증명하기 위한 도구에 불과했어요.

루마니아의 작가 콘스탄틴 게오르규의 《25시》라는 소설에서 유대인이라는 이유로 수용소에 끌려간 주인공 모리츠가 독일 장교에 의해 완벽한 아리아인의 골격을 가졌다고 인정받아 순식간에 독일인이 되는 장면은 이러한 우생학의 실상을 잘 풍자하고 있지요. 실제로도 비슷한 일이 발생했는데 1935년 나치의 가족 잡지인 《집 안의 태양Sonne ins Haus》의 표지를 장식한 아름다운 아리안 아기 사진 콘테스트의 우승자는 6개월 된 유대인 아기였어요. 2014년, 이제 80세가 된 사진의 주인공 헤시 태프트가 자신의 사진이 실린 잡지를 이스라엘의 야드 바셈 홀로코스트 기념관에 기증하고 언론과 인터뷰를 하면서 이 사실이 세상에 알려지게 되었답니다.

민족주의의 두 얼굴

민족주의는 이후 제국주의와 결합하면서 인종 우월주의와 배타주의, 팽창주의와 침략 전쟁을 옹호하는 수단으로 사용되었어요. 우월한 인종적 특성과 문화를 가진 민족이 그렇지 못한 민족을 지배하는 것은 당연하다고 여겨졌고 이는 제국주의 국가들이 전혀 양심의 가책을 받지 않고 식민지에 대한 침략과 지배를 천부적인 권리인 듯 실행해 나갈 수 있는 이론적 근거를 제공했어요.

반면 제국주의의 식민 통치를 받던 많은 식민지에서도 민족주의가 등장했는데, 19세기 후반이 되면서 많은 식민지에서 독립과 자치를 위해 싸우는 민족주의 운동이 일어났어요. 인도의 민족주의 지도자 마하트마 간디는 1930년의 소금 행진과 같은 비폭력 시민 불복종 운동을 통해 영국의 통치에 항의했어요. 에스파냐 제국이 지배하던 라틴 아메리카 전역에도 독립운동의 물결이 휩쓸고 지나갔고 시몬 볼리바르, 호세 데 산마르틴과 같은 영향력 있는 인물들의 주도하에 베네수엘라, 콜롬비아, 에콰도르, 페루, 아르헨

티나를 비롯한 많은 국가가 독립했어요.

　미국의 우드로 윌슨 대통령이 발표한 민족 자결주의 선언에 영향을 받아 1919년 일어난 우리나라의 3.1 운동 역시 강력한 민족주의 운동이지요. 제1차 세계 대전이 끝나자 오스트리아·헝가리 제국, 오스만 제국, 러시아 등 여러 제국이 해체되었고, 제2차 세계 대전의 여파는 탈식민지화 과정을 가속화해 특히 아프리카와 아시아에서 수많은 신생 국가들이 출현하게 되었어요.

　민족 국가를 중심으로 민족의 결속력을 다지는 민족주의는 곧 개인보다는 국가를 중시하는 국가주의로도 볼 수 있어요. 이러한 국가주의적 사고는 국민들의 결속을 다지고 하나로 만드는 효과가 있는데 개인의 성취도 곧 국가의 성취로 이어지고 국가의 성취는 모든 국민들이 함께 그 성취감을 공유할 수 있게 해요. 20세기 초에는 각종 발견들과 극지 탐험이 국가의 이름으로 이루어졌고 국가주의 열풍에 편승한 민족주의의 대리전 역할을 했어요.

　로알 아문센과 로버트 팰컨 스콧의 남극점 정복 대결은 곧 노르웨이와 영국의 자존심 싸움이기도 했지요. 아문센의 승리는 곧 노르웨이 국민들의 쾌거였고 국민들은 열광했어요. 2000년대 초 애국가 영상에 등장했던, 박세리 선수가 맨발로 물에 들어가 골프공을 쳐내는 장면은, IMF 구제 금융까지 받아야 했던 경제 위기 시절에 우리나라 국민들에게 우리도 해낼 수 있다는 희망의 상징이 되었어요. 지금도 애국가 영상에는 우리나라 국적의 체육계, 문화계, 학계의 대표적 인물들이 등장해요. 그 개인들의 성취가 곧 국민 모두의 영광으로 이어진다고 생각하기 때문이에요.

그러나 국가의 위상을 드높이고 다른 국가들과의 경쟁에서 우위를 점하려는 노력은 때로 국민 개인들에게 위협으로 다가오기도 했어요. 피에르 쿠베르탱이 1894년 국제 올림픽 위원회IOC, International Olympic Committee를 창설하며 시작된 근대 올림픽 게임은 개인들이 자신의 기량을 뽐내는 장이지만 그 개인은 자신의 국가를 대표하기도 하지요. 올림픽 경기에서의 성적이 곧 국가의 위상을 드러낸다고 믿었기 때문에 어떤 국가는 승리를 위해 개인의 희생을 강요하는 몹쓸 짓을 저지르기도 했어요.

1989년에는 동독 정부에서 선수들에게 순간적으로 신체 능력을 향상시키는 약물을 조직적으로 투약했다는 사실이 밝혀져 온 세계에 충격을 주었는데, 심지어 경기력 향상을 위해 남성 호르몬을 계속 주입받은 한 여성 투포환 선수는 여러 부작용에 시달리다 결국 성전환 수술을 해야만 했어요. 2000년대에 들어 선수들에게 알리지 않고 약물을 투약한 정부 측 책임자가 법정에 섰으나 2년 미만의 집행 유예라는 가벼운 처벌에 그쳤어요. 지금 동독이라는 국가는 이미 존재하지 않지만 그 선수들은 아직도 극심한 후유증에 시달리고 있는데 그 누구도 책임지려 하지 않아요.

12

전쟁을 끝낸 과학자들:

블레츨리 파크와
맨해튼
프로젝트

블레츨리 파크의 암호 해독자들

2019년 5월 영국 윌리엄 왕세자의 아내이며 당시 케임브리지 공작 부인이었던 케이트 미들턴이 지금은 박물관이 된 블레츨리 파크를 방문했어요. 75년 전의 노르망디 상륙 작전을 성공으로 이끈 블레츨리 그룹의 활약을 기념하는 전시회에 참석한 케이트는 자신의 할머니가 제2차 세계 대전 당시 그곳에서 일했으나 할머니가 돌아가실 때까지 가족들조차 그 사실을 알지 못했다고 회상했지요. 케이트의 할머니인 발레리와 쌍둥이 자매 메리는 20세가 되던 1944년부터 전쟁이 끝나는 1945년까지 블레츨리 파크에서 근무했으나 두 사람 다 전쟁 중에 그들이 수행한 역할에 대해서는 일생 동안 침묵을 지켰어요.

제2차 세계 대전 기간 동안 블레츨리 파크와 그 근방에서 근무했던 직원들의 수는 모두 합치면 1만 명이 넘었지만 마을 주민들은 블레츨리 파크에 모인 젊은이들이 누구였는지, 그들이 무슨 일을 했는지 전혀 알지 못했고 심지어 무슨 문제가 있는 사람들을 모아 놓은 수용소가 아닐까 생각했다고 해요. 1941년 블레츨리 파크를 방문한 영국의 수상 윈스턴 처칠은 블레츨리의 직원들을 "황금알을 낳았지만 한 번도 울지 않은 거위"라고 표현했어요. 그 거위들은 모두 30년 이상 비밀을 지켰고 그 비밀이 세상에 알려진 지는 그리 오래되지 않았어요. 사실 블레츨리 파크는 영국의 외무부 암호 해독 부서인 정부 암호 및 암호 해독부GC&CS의 비밀 기지였고 전문가들은 이들의 활약으로 전쟁의 종식이 적어도 2~3년 앞당겨졌다고 평가해요. 전쟁이 계속되었으면 더 많이 죽었을 사람들의 생명을 살린 것이지요.

제1차 세계 대전 이후 영국에는 '40호실'이라 불리는 특수 암호 해독 부서가 있었어요. 전쟁이 다시 일어날 것이 분명해 보이자 그들은 1938년 블레츨리 파크에 새로운 연구소를 만들었고 케임브리지대학의 젊은 수학자 앨런 튜링을 비롯해 전국 대학에서 인재들을 영입했어요. 튜링과 그의 팀 이름인 '8번 오두막' 동료들의 이야기는 2015년 아카데미상 후보에 오른 영화 〈이미테이션 게임〉으로 잘 알려져 있어요. 튜링과 동료들의 업무는 주로 독일군이 사용했던 암호 생성기였던 에니그마The Enigma 기계의 암호를 해독하는 일이었어요.

에니그마는 메시지의 문자를 다른 알파벳 문자로 변환하는 휴대용 암호화 장치였는데 1920년대에 처음 개발되었고 이후 몇 년에 걸쳐 개량이 이루어졌어요. 1930년대 후반에는 독일군의 여

제2차 세계 대전 당시 독일군이
사용했던 에니그마 기계

러 부대에서 다양한 버전의 에니그마가 사용되었는데 작동 방식을 간단히 설명하자면 두 대의 에니그마가 같은 방식으로 설정된 경우, 한 기계에 'A'를 입력하면 'B'로 바뀌고 다른 기계에 'B'를 입력하면 'A'로 바뀌는 식이었어요. 기계의 설정은 보통 24시간마다 변경되었고 블레츨리 파크에서는 이를 '일일 키 daily key'라고 불렀어요. 일일 키를 알아낼 수 있다면 그날 감청한 모든 메시지의 해독이 가능했지요.

튜링과 그의 동료들이 했던 일이 바로 이 일일 키의 해독이었어요. 그 작업은 독일군에 심어 둔 스파이가 보낸 도면을 이용해 영국에서 제조된 복제 에니그마를 사용해 이루어졌어요. 그러나 확률적으로 가능한 일일 키의 수는 상상하기 어려울 정도로 많았고 작업은 끝없이 반복되는 지루함의 연속이었는데, 암호 하나를 풀면 그 암호는 바로 새로운 암호로 대치되었고 해독된 메시지는 이미 쓸모가 없어졌기 때문이에요. 게다가 독일 공군, 독일 공병대, 독일 육군, 해군 등 독일군의 여러 부대는 모두 고유한 암호화 설정이 적용된 다양한 버전의 에니그마 암호기를 사용했으며 각각의 암호를 다 따로따로 해독해야 했어요.

튜링과 그의 동료들은 이 엄청난 계산을 해내기 위해 새로운 계산 기계를 고안해 냈어요. 1939년 튜링은 봄브Bombe(영화 〈이미테이션 게임〉에서는 '크리스토퍼'라는 이름으로 등장)라는 암호 해독 기계를 만들었고 수학자 고든 웰치먼은 이 기계의 효율성을 높이는 중요한 추가 기능을 개발했어요. 봄브는 1시간에 암호 5,858개를 해독할 수 있었는데 이 기계 덕에 영국군은 독일군의 암호 체계를 효과적으로 파악할 수 있었고, 독일 육군, 해군, 공군, 비밀 정보국, 심지어 히틀러가 직접 보낸 메시지까지 읽을 수 있었어요. 전쟁이 끝날 때까지 211대의 봄브가 제작되어 암호 해독에 이용되었어요. 이 봄브의 설계도는 현재 영국의 50파운드 지폐에 앨런 튜링의 초상화와 함께 실려 있답니다.

또한 튜링의 동료 토머스 플라워스는 1943년 독일 육군의 새로운 로렌츠 암호기Lorenz cipher를 해독하기 위해 새로운 암호 해독기 콜로서스 마크 1Colossus Mark 1을 개발했어요. 초당 5,000단어라는 빠른 속도로 철자를 비교하면서 암호를 풀어낼 수 있었던 콜로서스는 결국 봄브로도 풀지 못한 로렌츠 암호를 풀어내는 데 성공했어요. 1944년 2월에 개발된 콜로서스 마크 2호는 1호기보다 연산 속도가 5배나 빨랐고 6월 1일에 처음 작동되어 5일 뒤 개시된 노르망디 상륙 작전에 바로 사용할 수 있었어요. 이 작전의 성공으로 연합군은 전쟁에서 승기를 잡았고 이어진 소련군의 베를린 함락과 히틀러의 사망으로 1945년 5월 8일 독일의 무조건 항복을 받아냈어요. 이때까지 10대의 콜로서스 기계가 사용되고 있었고 추가로 11번째를 제작 중이었다고 해요.

콜로서스는 세계 최초의 전자식 컴퓨터로 알려진 미국의 에니악ENIAC보다 3년이나 먼저 만들어진 세계 최초의 컴퓨터였지만 그 기계와 설계도는 프로젝트의 비밀 유지를 위해 1960년에 파괴되었고 콜로서스의 존재는 1970년대 중반까지 비밀에 부쳐졌어요. 그래서 콜로서스의 발명자들은 그 업적을 오랫동안 인정받지 못했고 심지어 콜로서스를 만들 때 개인적으로 비용을 지불했던 플라워스는 전쟁 후 빚까지 지게 되었어요. 플라워스는 비슷한 다른 기계를 만들기 위해 영국 은행에 대출을 신청했지만 은행은 그러한 기계가 작동할 수 있다고 믿지 않았기 때문에 대출을 거부했어요. 사실 그는 이미 많은 기계를 설계하고 제작한 경험이 있었지만 비밀을 지켜야 했기 때문에 이를 증명할 수가 없었지요.

맨해튼 프로젝트와 원자 폭탄

독일의 항복으로 유럽의 전쟁 상황은 끝이 났지만 일본은 아직도 포기하지 않았어요. 1945년 2월, 미군은 마침내 일본 변방까지 진출했는데 미 해병대는 가잔열도의 작은 화산섬인 이오섬을 점령하고 6주 뒤 오키나와섬을 공격했어요.

이 두 섬에서의 전투는 너무 치열했고 병력의 손실도 컸기 때문에 미국의 정치 지도자들은 전쟁이 계속될 경우 너무 많은 사상자가 발생할 것을 염려했어요. 그사이 영국, 미국, 중국의 군대는 버마(미얀마)와 중국 중부 지역에서 마찬가지로 일본군과 치열한 전투를 벌이고 있었지요.

1945년 여름, 미국의 해리 S. 트루먼 대통령은 일본을 물리칠 수 있는 다른 방법을 모색했고, 여러 과학자들의 반대에도 불구하고 그는 이 방법만이 일본이 신속히 항복하도록 설득할 수 있는 유일한 방법이라고 굳게 믿었어요. 트루먼 대통령이 믿은 방법은 무엇이었을까요?

8월 6일 히로시마에 원자 폭탄이 투하되었어요. 순식간에 도시 전체가 파괴되었고 7만 8천여 명의 사람들이 즉사했어요. 1945년 말에는 사망자 수가 14만여 명에 달했고 이후로도 몇 년에 걸쳐 더 많은 사람들이 핵 방사선의 영향으로 사망했어요. 사흘 후 나가사키 상공에 두 번째 폭탄이 투하되었고 결과는 비슷했어요. 3만 5천여 명이 즉사했고 최종적으로는 최소 5만 명이 사망했어요.

일왕 히로히토는 일본 군대가 이 무시무시한 신무기에 대응할 수 없다는 사실을 깨닫고 1945년 8월 15일 전국에 방송할 연설을 준비했어요. 그는 연설에서 '항복'이라는 단어를 사용하지 않았지만, 연합국의 요구를 수용하라고 정부에 지시했다고 발표했지요. 그러자 아시아와 태평양 전역에서 일본군은 무기를 내려놓기 시작했어요. 9월 2일 미국 전함 USS 미주리호에서 일본 외무대신 시게미쓰 마모루가 공식 항복 문서에 서명하며 전쟁은 드디어 끝이 났어요.

히로시마를 역사에 남긴 이 파괴적인 섬광은 50여 년 전부터 이어진 과학적 발견들이 만들어 낸 결과였어요. 1890년대 중반 독일 과학자 빌헬름 뢴트겐의 X선 발견에 이어 프랑스의 앙투안 앙리 베크렐이 우라늄에서 에너지 광선이 방출된다는 사실을 최초로 발견했고, 얼마 뒤 프랑스의 마리 퀴리는 토륨, 폴로늄, 라듐 등 다른 자연 광물에서도 유사한 광선이 나오는 것을 관찰해 '방사선'이라는 이름을 붙였어요.

영국의 어니스트 러더퍼드는 방사선이 단일한 종류가 아니라 다양하며 각기 투과 능력이 다르다는 사실을 알아냈으며, 방사선은 원소의 구조가 붕괴하는 과정에서 발생한다는 것을 실험을 통해 확인했어요. 러더퍼드는 또 이 과정에서 원자핵을 구성하는 중성자의 존재를 예측했는데, 1932년 그의 제자 제임스 채드윅이 실험으로 그 존재를 증명했어요. 이 중성자는 이후의 핵물리학 연구에서 핵분열을 조절할 수 있는 도구로 중요한 역할을 했지요. 1938년 독일의 화학자 오토 한과 프리츠 슈트라스만은 중성자를 원자핵에 충돌시키면 핵분열과 에너지가 발생한다는 것을 발견했어요. 1939년 미국 컬럼비아대학의 엔리코 페르미와 레오 실라르드는 우라늄, 플루토늄 등 핵분열에 적합한 물질이 일정 수준의 순도와 농축도, 질량에 이르게 되면 중성자를 쏘아 핵분열을 일으킬 때 처음 반응에서 쓰인 중성자보다 더 많은 중성자가 만들어지고, 이 새로 생긴 중성자들이 재차 핵분열을 일으키는 연쇄 반응이 나타난다는 것을 입증했어요.

핵분열 연쇄 반응의 무기화를 우려한 실라르드는 당대의 저명한 과학자 알베르트 아인슈타인을 설득해 당시 미국 대통령이었던 프랭클린 루스벨트에게 공동 명의의 서한을 보냈는데, 그 내용은 핵무기의 위험성과 나치 독일에서 먼저 기술을 완성할 수 있는 가능성을 경고하고 이에 대응하는 연구를 위한 정부의 지원을 요청하는 것이었어요. 이에 루스벨트는 정부 내에 우라늄 자문 위원회를 설치해 실험에 필요한 우라늄과 설비 조달을 지원했어요. 처음에는 비교적 소극적이었던 이 프로젝트는 일본의 진주만 공습과 미국의 공식적인 참전을 계기로 20억 달러 규모의 예산과 당시 미국 전체 자동차 산업 규모와 맞먹는 13만여 명을 고용하는 엄청난 규모로 확장되었어요. 코드명 '맨해튼 프로젝트'라고 불렸던 이 계획의 연구팀에는 로버트 오펜하이머를 비롯해 리처드 파인만, 존 폰 노이만, 닐스 보어 등 당시 미국과 영국의 쟁쟁한 과학자들이 합류했어요. 1945년 7월 16일 오전 뉴멕시코주의 사막에서 세계 최초의 핵폭발인 '트리니티 실험'이 진행되었고, 2만 톤의 TNT 폭탄에 해당하는 폭발력이 검증되었지요.

이 실험이 성공했을 때 독일은 이미 항복한 상태였으므로 이제 남은 목표는 일본이었어요. 결국 원자 폭탄의 투하로 전쟁은 끝났지만, 앞서 언급한 것처럼 그 결과는 생각했던 것보다 더 처참했고 이후 이 작전에 참여한 사람들은 과연 자신이 옳은 일을 했는지 의문을 갖게 되었어요. 히로시마에 '리틀 보이'라는 코드명을 가진 원자 폭탄을 직접 투하했던 B-29 에놀라 게이호의 조종사 폴 티비츠는 공식적으로는 자신이 군인의 의무를 다한 것에 대해 개인적인 죄책감을 느끼지 않는다는 입장을 견지했으나 회고록에는 "역사를 통틀어 국가 간 분쟁을 해결하기 위한 수단으로 인간의 피를 선택한 인류 전체에 대해 수치심을 느낀다."는 구절을 남겼어요. 부조종사 로버트 루이스는 폭발로 인해 상처를 입은 어린 소녀들

맨해튼 프로젝트의 트리니티 실험 장면

인 '히로시마 처녀들'을 위한 치료비 모금에 참여했어요.

　과학자들 역시 핵무기의 도덕성에 대해 고뇌했어요. 계획의 책임자였던 오펜하이머는 이후 더 강력한 핵무기인 수소 폭탄을 만들려는 미국의 계획을 반대했고 그 때문에 소련의 스파이라는 의심을 받고 1954년 보안 청문회 이후 모든 공직에서 물러나야 했어요. 원자 폭탄 투하 후 시작된 오펜하이머의 고뇌와 그가 당한 고초는 2023년 8월에 개봉한 영화 〈오펜하이머〉에도 잘 묘사되어 있어요. 오펜하이머의 혐의는 그로부터 무려 68년 후인 2022년에야 공식적으로 벗겨졌는데, 그가 세상을 떠나고 이미 55년이 지난 후였지요.

한편 양심에 따라 맨해튼 프로젝트에서 탈퇴한 유일한 과학자인 조지프 로트블랫은 영국으로 돌아가 핵 확산 반대 캠페인을 벌였어요. 이후 핵무기 개발에서 자신이 한 역할을 후회한 것으로 유명한 아인슈타인 역시 독일이 원자 폭탄 제조에 성공하지 못할 줄 알았더라면 자신은 손가락 하나 까딱하지 않았을 것이라고 고백한 적이 있어요. 이 결정이 옳았는지는 아직도 많은 전문가들과 역사학자들의 첨예한 논쟁거리예요. 그러나 이후 많은 나라들에서 핵 개발이 이루어지고 연구가 진행되었으나 히로시마와 나가사키 이후 원자 폭탄이 한 번도 실전에 사용된 적이 없었다는 사실은 이로 인해 인류가 어떤 교훈을 얻었는지 짐작케 합니다.

13

기억 속에 생매장된 비극:

인도-파키스탄 분할

인도 독립의 비극의 시작

2022년 1월 10일 파키스탄의 카르타푸르 회랑°에서 역사적인 만남이 이루어졌어요. 이 감동적인 사건의 주인공은 시카 칸과 사디크 칸 형제였는데 그들은 1947년에 헤어진 이후 72년이 지난 2019년에야 서로의 소식을 알게 되었고, 그로부터 3년 가까이 지난 2022년이 되어서야 서로 얼굴을 마주할 수 있었어요. 양가의 친척들과 친구들까지 100여 명이 한자리에 모여 선물을 주고받고 가족들을 서로 소개하며 꿈같은 시간을 보냈으나 형제는 겨우 3시간 만에 헤어져야 했어요. 시카는 인도로 사디크는 파키스탄에 있는 자신의 집으로 다시 돌아갔지요. 짧은 만남 이후 형제는 매일 영상 통화를 하며 다시 만날 날을 고대하고 있으나 비자 등의 여러 가지 이유로 두 번째 만남은 아직도 성사되지 못하고 있어요.

　1947년 인도의 풀왈Phulwal 지역에서 무슬림 노동자의 아들로

○ 인도와 파키스탄 간 국경 지역에 있는 무비자 방문 지역. 영유권 문제 등으로 전쟁을 치른 양국 국민의 '만남의 장소'로 기능하는 곳.

태어난 시카는 생후 6개월에 고아가 되었어요. 1947년 8월 14일, 영제국이 인도에서의 통치를 마무리하면서 인도는 힌두교 국가 인도와 이슬람 국가 파키스탄으로 분할되었어요. 그의 아버지는 파키스탄 지역으로 급히 떠나던 중 사망했고 마을에 남았던 어머니는 스스로 목숨을 끊었어요. 당시 열 살이었던 형 사디크는 간신히 살아서 파키스탄으로 도망쳤어요. 어린 시카는 마을에 홀로 남겨졌지만 마을의 시크교도인 싱 가족이 시카를 데려다 키워 주어서 살아남을 수 있었어요. 시카는 왜 그가 순식간에 부모를 잃고 고아가 되었는지, 하나밖에 없는 피붙이인 형을 왜 만날 수 없는지 오랫동안 이해하지 못했을 거예요. 여기에는 오랜 역사와 수많은 사람들의 이해관계가 여전히 얽혀 있어요.

영화 〈총독의 집Viceroy's House, 2017〉은 영국이 1858년 인도의 직접 통치를 시작한 이후 거의 200년간 지속된 인도 지배를 종료하고 완전히 떠나기 직전 약 5개월간의 상황을 잘 보여 주고 있어요. 물론 이 영화는 역사를 다룬 많은 영화들이 그렇듯이 일어난 사건 자체를 그대로 묘사하고 있지는 않아요. 특히 영국이 자국의 이익을 위해 파키스탄 분할을 미리 계획했다는 인도 외교관 샤릴라의 가설을 마치 사실인 것처럼 표현해 역사가들로부터 비판을 받기도 했어요. 사실 역사가로서 역사 소설이나 사극을 대할 때는 항상 복잡한 마음이 있답니다. 작품이 극적 재미를 위해, 혹은 어느 한 인물이나 집단의 입장을 강조하기 위해 역사적 사실들을 조작

하거나 잘못된 이해에 기반해 묘사하면 시청자들이 그런 오류도 역사적 사실로 받아들일까 봐 불안해요.

그러나 한편 그러한 매체들은 대중에게 역사에 대한 관심을 불러일으키고, 논문이나 학술서보다 과거의 일들을 생생하고 입체적으로 그려 낸다는 점에서 매력적이지요. 그러므로 역사 소설이나 사극을 대할 때는 작가나 제작자의 관점을 있는 그대로 받아들이기보다는 비판적인 시각을 갖고 스스로 공부해 종합적으로 판단하는 것이 양쪽의 이점을 취할 수 있는 방법이에요. 이 영화 역시 논란의 여지가 있음에도 불구하고 그 마지막 순간에 어떤 일들이 일어났는지, 영국과 인도의 정치가들이 이 문제를 대한 태도가 어떠했는지, 그리고 평범한 일반인들이 갑자기 맞닥뜨려야 했던 현실은 어떤 것이었는지 당시의 상황을 입체적으로 이해할 수 있도록 도움을 주지요.

인도-파키스탄 분할의 과정

영화는 인도의 마지막 총독 루이스 마운트배튼과 그의 아내 에드위나가 1947년 3월 22일 인도에 도착하는 장면으로 시작해요. 인도는 제2차 세계 대전 이후에 민족주의 성향이 강해졌고 국민들은 영국의 통치로부터 벗어나기를 갈망했어요. 이 당시 영국령 인도 인구의 대다수(약 70%)가 힌두교도였고, 무슬림이 약 25%, 시크교도 및 기타 종교 집단이 나머지 5%를 구성했어요.

이러한 상황에서 국민의회의 지도자 마하트마 간디와 자와할랄 네루는 통합 국민의회가 모든 인도인들을 대표할 수 있다고 주장했으나 1940년대에는 독립 국가 건국을 요구하던 무슬림 연맹의 인기가 급상승했어요. 1946년 영국은 인도에서 떠나기로 결정했지만 독립 후의 헌법 제정에 대한 합의는 이루어 내지 못했어요. 이런 상황에서 국민의회가 무슬림 연맹을 배제하고 임시 정부 수립을 추진하자 무슬림 연맹은 8월 16일 캘커타에서 하루 동안 '직접 행동의 날'을 통해 세력을 과시할 계획을 세웠어요. 정치인들은 시위와 행진을 장려했지만 흥분한 군중들은 상점을 약탈하고 식량을 훔쳤으며 종교적 이유로 고용을 거부했던 기업들을 공격했고 그 과정에서 4,000명 이상이 사망하는 사상 최악의 폭력 사태가 발생했어요. 그러나 이 사건은 이후 18개월 동안 계속된 분할 폭력 사태의 시작에 불과했어요.

마운트배튼은 국민의회와 무슬림 연맹의 지도자들을 설득해 통일 인도의 헌법을 받아들이게 하려 했으나 실패하고 대안으로 종교적 정체성에 따라 인도를 분할하는 계획을 제안했어요. 그는 인도에 도착한 지 두 달 만에 인도를 무슬림이 다수인 파키스탄과 힌두교도가 다수인 인도로 분할하는 계획을 확정하고 이양 날짜를 원래 계획했던 1948년 6월에서 1947년 8월로 앞당기기로 결정했어요. 이는 영국군을 하루빨리 인도에서 철수시키고 싶어 했던 영국 정부의 입장을 고려한 것이고 영국군이 철수한 이후 내전이 벌어질 위험성을 최대한 줄이기 위한 의도였어요.

간디는 강하게 반대했지만 네루와 무슬림 연맹의 대표 무함마드 알리 진나는 이 중재안을 받아들였어요. 이후 국민의회는 마지못해 인도 분할에 동의했으나 간디는 결코 이를 지지하지 않았어요. 그는 같은 해 8월에 열린 독립 기념일 축하 행사 참석도 거부했고 하루 종일 단식하며 침묵의 기도를 드렸다고 해요.

이 분할은 그로 인해 생겨난 두 국가(나중에는 방글라데시까지 세 국가)의 국민들의 기억 속에 여전히 혼란과 비극의 사건으로 남아 있

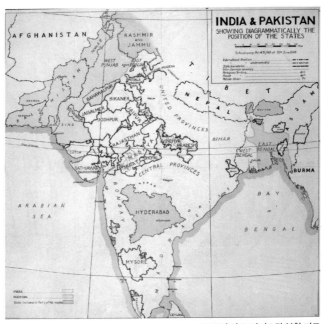

1947년 인도-파키스탄 분할 지도
(☐ 인도 ☐ 파키스탄 ☐ 그 외 독립국들)

어요. 계획안이 발표되자마자 펀자브 지역과 벵골 지역에서는 폭력 사태가 격화되었고 3월 초, 격렬한 압박을 받던 펀자브주의 총리 키즈르 티와나는 사임했어요. 티와나가 물러난 후 힌두교, 시크교, 무슬림이 혼합된 도시 라호르에서는 피비린내 나는 유혈 충돌 사태가 벌어졌어요. 이 폭력 사건으로 인해 부유층들이 더 안전한 지역으로 이주하기로 결정하고 귀중품과 자산을 옮기기 시작하면서 펀자브 난민의 첫 번째 이동이 발생했어요. 이후로 진행

된 독립과 분할 과정에
서 100만 명에서 200만
명이 사망한 것으로 추
정되며 약 1500만 명이
고향을 떠나 새로운 국
경을 넘었어요. 대규모
폭력과 죽음, 온갖 잔인
한 만행들, 기아, 질병,
엄청난 수의 노숙자 발
생 등 아무도 예상치 못

**현재의 파키스탄-인도-방글라데시 국경과 주변국
(카슈미르는 분쟁 지역)**

하고 원하지 않았던 일들도 함께 일어났어요.

이 혼란 가운데 그 전에는 인도를 단 한 번도 방문한 적이 없는
영국 변호사 시릴 래드클리프가 국경 분할의 임무를 맡았어요. 그
에게 주어진 시간은 단 40일이었고 그는 주로 델리에 있는 마운
트배튼의 집에 머물며 지도와 서류, 보고서에 둘러싸여 지냈어요.
그는 이 작업을 하는 동안 국경 지역에 단 한 번도 가 보지 않았고
놀랍게도 1947년 8월 14일과 15일, 인도와 파키스탄에서는 이미
독립 기념 행사가 진행 중이었지만, 국경선이 어디로 그어질지는
아무도 몰랐어요. 국경선의 세부 사항은 8월 17일이 되어서야 발
표되었는데, 그 무렵 래드클리프는 이미 인도를 떠나는 비행기에
탑승하고 있었어요.

분할 이후의 상황과 그 여파

신생 국가 인도와 파키스탄은 곧 혼란과 유혈 사태에 휩싸였고, 영국군은 여기에 개입하지 말라는 명령을 받았어요. 과거 식민지 당국과 인도와 파키스탄의 새 정부는 앞으로 어떤 일이 벌어질지 전혀 예상하지 못했어요. 새로운 나라에서 소수 민족이 된 사람들은 수 세대에 걸쳐 고향이라고 여겼던 곳을 떠났고, 가능한 한 많은 것을 가지고 도보로, 기차로 또는 운이 좋으면 비행기를 타고 위험한 여정을 시작했어요. 힌두교도와 시크교도는 인도 영토로 이주했고, 무슬림은 파키스탄 영토로 움직였어요. 분단 직후 몇 달 동안 전쟁과 기근을 제외하고는 역사상 가장 많은 사람들이 서로 반대 방향으로 이동한 셈이지요. 난민들이 기차 지붕에 꽉 차게 올라가 있고 옆면에도 달라붙어 있는 모습은 분단의 상징적인 이미지가 되었어요.

　대다수의 난민은 국경 지역의 펀자브주 출신이었지만 벵골, 봄베이 등 다른 지역에서도 수십만 명이 양방향으로 이동했어요. 이

주 열차는 서는 곳곳마다 증오심에 불타는 성난 폭도들의 공격을 받았는데, 그 과정에서 약 100만 명이 사망했고 약 7만 5000명의 여성들과 어린 소녀들이 강간, 납치 또는 개종을 강요당하는 등 이주의 과정은 위험과 폭력으로 가득 차 있었어요. 이후 간디는 여성들이 이 분할의 가장 큰 피해자였다고 회상했어요.

그렇기 때문에 독립 기념일은 이 세 나라에서는 독립의 기쁨과 그 후의 파괴와 상실의 아픔이 뒤섞여 항상 씁쓸한 날이에요. 2014년 독립 70주년을 맞아 영국의 BBC 라디오 4 채널은 영국에 거주하는 남아시아인들을 대상으로 이 충격적인 시기의 경험에 대해 들어 보는 '분할의 목소리'라는 프로그램을 기획했어요. 이 프로젝트의 책임자 카비타 푸리는 증언을 하고 싶어 하는 사람이 너무 많다는 사실에 충격을 받았다고 해요. 장대한 이주, 공포감, 고

1947년 인도 분할 시 난민들의
이동 수단이었던 과밀 열차

통스러운 이별, 다시는 볼 수 없는 친구들, 오랫동안 살아온 땅을 떠나야 하는 상실감에 대한 가슴 아픈 이야기들이 꼬리에 꼬리를 물었지요. 그러나 그들의 이야기는 그것뿐이 아니었어요. 폭력은 어디에나 있었으나 시크교도인 싱 가족이 무슬림 아기 시카를 거둬서 키워 준 것처럼 이웃과 친구, 낯선 사람들이 증오를 넘어 '다른' 종교의 사람들을 구하고 도와준 사실들 또한 기억되었어요.

한편 70년이 지나도록 한 번도 고향에 가 보지 못한 많은 사람들은 죽기 전에 마지막으로 그곳으로 돌아가고 싶다고 고백했어요. 그들은 어린 시절 살던 집을 보고 싶었고, 작별 인사를 나눌 시간도 없이 헤어진 절친한 친구가 살아 있는지, 함께 놀던 나무가 아직 서 있는지 확인하고 싶었어요. 그들의 생생한 기억은 지금도 영국 도서관 음성 자료실에 보관되어 그날의 모습들을 증언하고 있어요.

그러나 지금도 여전히 계속된 분단의 현실은 막상 인도 아대륙에서는 그러한 기억과 추모의 감정이 표출되는 것을 막고 있어요. 2021년 인도 총리 나렌드라 모디는 파키스탄의 독립 기념일인 8월 14일에 인도인들이 당한 고통과 희생을 상기하기 위해 '분할 공포 추모의 날' 행사를 개최할 것이라고 발표했어요. 이러한 정책은 분단된 인도의 공통된 아픔이나 사람들의 평화로운 기억에 초점을 맞추기보다는 한쪽의 입장에서만 바라본 당시의 공포를 강조함으로써 오래된 증오를 불러일으킬 수 있는 우려가 있어요.

75년 만에 헤어진 동생을 만난 사디크는 한 인터뷰에서 "우리가 잃어버린 세월을 보상받고 싶다"며 "기쁨이 되든 슬픔이 되든 남은 인생을 그와 함께 보내고 싶다"고 호소했어요. 그러나 양국 정부는 아직도 칸 형제가 함께 살 수 있는 길을 열어 주지 않고 있어요. 개인들과 국가들의 이익은 여전히 충돌하고 있고 분할의 아픔을 간직한 세대는 아직 존재하고 있으나 그들과 함께할 시간은 그리 많이 남아 있지 않아요.

14

역사상 가장 위험했던 밤:

냉전과 쿠바 미사일 위기

미사일 위기 이전의 미국과 쿠바

1962년 10월 14일, 미국 초고도 정찰기 U-2의 조종사 리처드 헤이저 소령은 쿠바 상공을 비행하던 중 한적한 시골에 새로 건설된 시설물을 발견하고 수백 장의 사진을 찍었어요. 이 사진은 바로 미국중앙정보국CIA의 분석 전문가들에게 보내졌고 그들은 이 지역에 소련이 미국 전역을 타격할 수 있는 미사일을 설치하기 위해 발사대와 수송 트럭 등을 배치하고 있다는 사실을 알아냈어요.

2000년에 제작된 영화 〈D-13(원제: Thirteen Days)〉은 이후 1962년 10월 28일 소련이 쿠바에서 미사일을 철수하기로 합의한 날까지의 긴박한 상황을 담고 있어요. 이 영화의 광고 문구인 "우리가 얼마나 가까워졌는지 절대 믿지 못할 것이다"는 아무도 모르는 사이에 핵전쟁의 위기가 인류의 코앞까지 닥쳤다 사라진 일촉즉발의 순간을 의미하지요.

쿠바는 남아메리카의 카리브 제도에 있는 쿠바섬과 주변의 여러 섬들로 이루어진 작은 나라예요. 1492년 콜럼버스의 발견 이후

4세기 동안 에스파냐가 통치했지만 미국 또한 오랫동안 쿠바를 탐내 왔어요. 미국은 쿠바의 설탕, 담배, 쌀, 커피 수출의 주요 시장이었고 쿠바는 대서양을 횡단하는 노예 무역의 기지로 중요한 역할을 했어요. 19세기 중반 미국이 에스파냐로부터 쿠바를 1억 3천만 달러에 사들이려 했던 비밀 계획은 실패로 돌아갔지만 쿠바에 대한 미국의 영향력은 점점 커졌고 경제적으로는 미국에 종속된 것이나 다름없는 관계가 이어졌어요. 그러나 1959년 피델 카스트로가 이끄는 쿠바 혁명으로 사회주의 정권이 수립되고 미국 소유 기업들이 국유화되면서 양국 관계는 급속히 악화되었어요.

이에 미국의 드와이트 D. 아이젠하워 대통령은 1960년 초에 카스트로 정부를 무너뜨리기 위한 CIA 작전을 승인했는데, 이 계획은 쿠바 공군 기지 공습과 쿠바 남부 해안선의 피그만에 CIA로부터 군사 훈련을 받은 1,400명의 쿠바 망명자를 상륙시키는 이중 작전으로 구성되었어요. 그들이 쿠바에 입국해 거점을 확보하면 망명 쿠바인들로 구성된 임시 정부가 미국 마이애미로부터 날아와 자신들이 쿠바의 정당한 지도자라고 선언하고, 미국에게 카스트로 축출 작전을 지원하기 위해 군대를 파견해 줄 것을 요청할 계획이었어요. 코드명 '자파타 작전'으로 명명된 이 계획은 취임 선서를 한 지 불과 몇 주 만에 미국 대통령 존 F. 케네디에게 제출되었고 그는 이를 승인했어요. 그러나 작전이 시작되기도 전에 카스트로가 이 계획을 알게 되었어요. 1961년 4월 7일 《뉴욕 타임스》가 1면 톱기사로 '미국의 전문가들이 과테말라와 플로리다에서 쿠바 망명자들로 구성된 침략군을 훈련시키고 있다'고 보도했기 때문이에요. 카스트로뿐 아니라 이 신문의 구독자라면 누구나 알 수 있었죠.

하지만 미국은 작전을 취소하지 않고 그대로 밀어붙였어요. 1961년 4월 15일 새벽, 쿠바 망명자들이 조종하는 8대의 B-26 폭격기 편대가 쿠바의 공군 기지를 폭격했어요. 그러나 초기 공습은 쿠바의 공군력을 모두 파괴하는 데 실패했고, 항공기 6대는 격추되지 않은 채 그대로 남아 있었어요. 그러자 케네디는 4월 16일로 예정된 2차 폭격을 취소했는데, 다음 날 아침 침략군이 피그만에 상륙했을 때 쿠바는 10배가 넘는 병력으로 총공격을 퍼부었고 당연히 계획은 실패로 돌아갔어요.

한편 협상이 이어지던 1962년 여름부터 소련은 암호명 '아나디르 작전'이라는 정교한 계획을 세워 수만 명의 전투 병력을 비밀리에 쿠바로 보냈어요. 수천 명의 군인이 민간 농업 자문관으로 위장해 쿠바에 입국했고 이보다 더 많은 수의 병사들이 긴 항해 기간 동안 갑판 아래에 숨어 있다 몰래 입국했어요. 1962년 10월 20일 CIA는 쿠바에 6,000~8,000명의 소련군이 주둔하고 있다고 추정했지만, 실제 병력은 4만 명이 넘었어요. 그들은 40기의 중거리 미사일, 크루즈 미사일과 핵탄두를 쿠바에 배치하는 작업을 시작했고 그 과정이 10월 14일 U-2 정찰기에 포착된 것이지요.

위기의 13일

소련군이 설치하고 있는 것이 핵미사일이라는 보고를 받은 케네디 대통령은 1962년 10월 16일에 미사일 위협에 대응하는 방법을 논의하기 위해 국가안보회의 집행위원회ExComm를 소집해 상황을 논의하고 가능한 조치에 대해 검토했어요. 집행위원회는 쿠바에 대한 전면 침공부터 미사일 기지를 겨냥한 공습에 이르기까지 다양한 전략을 논의한 끝에 결국 소련이 쿠바에 군사 장비를 더 이상 보내지 못하도록 쿠바 해상 봉쇄라는 보다 신중한 대응을 결정했어요. 그러나 국제법상 '봉쇄blockade'는 전쟁을 의미하는 용어였으므로 공식적으로는 완곡한 표현인 '격리quarantine'가 사용되었어요.

　10월 22일 18분간의 극적인 텔레비전 연설에서 케네디는 미사일 위협에 대한 증거 사진들을 공개해 미국인들에게 충격을 주고, 소련에 미사일 철수를 요구하면서 무기를 실은 선박이 쿠바에 도착하는 것을 저지하겠다고 발표했어요. 다음 날 소련의 지도자 니키타 흐루쇼프는 케네디에게 편지를 보내 미사일 철거 요구를 거

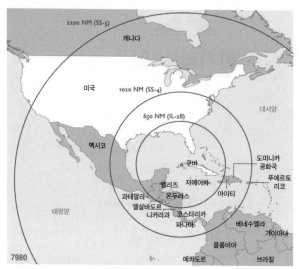

2200 NM (SS-5)
캐나다
미국
1020 NM (SS-4)
630 NM (IL-28)
대서양
멕시코
쿠바
도미니카 공화국
벨리즈 **자메이카** **푸에르토 리코**
과테말라 **온두라스** **아이티**
엘살바도르 **코스타리카**
니카라과 **파나마** **베네수엘라** **가이아나**
태평양 **콜롬비아**
에콰도르 **브라질**
7980

1962년 당시 쿠바에 설치된 미사일의 사정거리

부하며, 미사일은 "오로지 방어 목적만을 위한 것"이라고 주장했어요. 그러나 애들레이 스티븐슨 유엔 주재 미국 대사가 유엔 안전보장이사회에 이 상황을 설명하는 동안 미국 함선들은 이미 쿠바 주변 해역에 자리를 잡고 쿠바로 향하던 소련 화물선들의 항로를 가로막았어요.

10월 25일 소련 무기 화물선은 기수를 돌렸으나 유조선 부쿠레슈티호는 쿠바로 향해 미국 군함의 사정거리 안에 접근했어요. 이에 두 척의 미국 군함인 USS 에식스호와 USS 기어링호가 요격을 준비했고 이는 자칫 전쟁으로 이어질 수도 있었던 상황이었어요.

그러나 케네디는 밀수품을 싣고 있지 않다는 이유로 부쿠레슈티호를 통과시키기로 결정했어요. 10월 26일 카스트로는 흐루쇼프에게 서한을 보내 미국에 대한 핵 선제공격을 촉구했지만 흐루쇼프는 이를 무시하고 대신 케네디에게 분쟁을 완화하고 "세계를 핵전쟁의 재앙으로 몰아넣지 않도록" 함께 노력해 달라는 내용이 담긴 서한을 보냈어요.

10월 27일 미국 U-2 조종사 루돌프 앤더슨 소령이 쿠바 상공에서 격추되어 사망하는 사건이 일어났어요. 몇 시간 만에 격추 소식이 백악관에 전해졌고 양국 사이에는 긴장감이 감돌았지요. 폴니츠 국방부 차관은 "소련이 첫 발을 쏘았다"고 논평했고, 케네디 대통령은 "우리는 이제 완전히 새로운 게임에 돌입했다"고 말했어요. 로버트 F. 케네디 법무장관은 훗날 쿠바 미사일 위기에 대한 회고록인 《13일》에서 "모든 인류에게 올가미가 조여 오고 탈출할 수 있는 다리가 무너지고 있다는 느낌이 들었다"고 이날의 기분을 묘사했어요. 한편 강경파 군 수뇌들은 다음 날 아침 케네디에게 쿠바에 대한 공습을 강력하게 촉구했어요. 그러나 케네디는 흐루쇼프가 앤더슨의 비행기를 격추하라는 명령을 직접 내리지 않았다고 판단해 아직 외교적 해결이 가능하다고 생각했어요. 실제로 격추 명령은 모스크바의 흐루쇼프가 아닌 쿠바 현지의 군 장교들이 내린 것이었고, 이 사건을 계기로 두 지도자는 상황이 통제 불능의 위험천만한 상황으로 치닫고 있음을 깨닫게 되었지요.

그날 쿠바에 배치된 소련 미사일을 철수하는 대신 소련의 이웃 국가인 튀르키예에 배치된 미국의 미사일을 철수해 달라고 요청하는 흐루쇼프의 두 번째 서한이 도착했어요. 미국이 쿠바를 침공하면 소련이 튀르키예를 침공할 것이고, 분쟁이 확대될 수 있다는 암묵적인 메시지였지요. 케네디는 이 편지에 답장하지 않았으나 그날 저녁, 대통령의 동생인 로버트 케네디 법무장관은 비밀리에 아나톨리 도브리닌 소련 대사를 만나 미국은 이미 튀르키예에서 미사일을 철수할 계획이었다는 메시지를 전했어요. 이에 소련은 쿠바에서 핵미사일을 철수하기로 합의했고, 수백만 명이 사망할 수도 있었던 대치 상황에서 앤더슨 소령이 유일한 사상자가 되면서 쿠바 미사일 위기의 가장 긴박한 순간이 끝났어요.

　이후 여러 가지 후속 조치가 이어졌고 1년 후인 1963년 케네디와 흐루쇼프는 핵무기 시대 최초의 군축 협정인 핵실험 금지 조약에 서명했어요. 또한 워싱턴과 모스크바 사이에 최초의 '핫라인'이 설치되었어요.

묵살당한 쿠바의 입장

그런데 이 사건의 당사자는 미국과 소련뿐이었을까요? 13일간의 대치 상황 동안 미국과 소련 간의 수많은 외교적 노력들과 군사 작전들이 온 세계의 주목을 받았으나 당사자 중 하나인 쿠바가이 사태를 어떻게 보고 어떤 입장을 취했는지는 오랫동안 누구의관심거리도 아니었어요. 쿠바의 혁명가 체 게바라는 친구이자 동지인 카스트로에게 보낸 편지에서 이 시기를 "카리브해 위기의 슬프고 찬란한 날들"이라고 표현한 바 있어요. 그 의미는 무엇이었을까요? 사실 쿠바인들에게 전쟁은 이미 1961년 4월 피그만에서시작된 것이나 마찬가지였어요. 피그만 사건 이후 쿠바는 미국이다시 침공해 올 것이라고 확신했고 그들에게는 자신들을 지키기위한 무기가 필요했어요. 카스트로는 소련 미사일을 쿠바에 배치하는 것이 미국이 쿠바를 함부로 공격하지 못하게 할 수 있는 좋은 방어책이라고 보았고, 처음부터 소련이 미사일 배치를 공개적으로 하기를 원했으나 흐루쇼프는 미사일 배치에 대한 공개 발표를 거부했어요. 튀르키예와 이탈리아, 영국, 서독의 핵무기는 이미 공개되어 있었고, 카스트로는 쿠바에도 이제 핵무기가 생겼다는 사실을 전 세계에 알리기 원했어요. 그러나 소련은 그렇게 하지 않았어요. 소련 입장에서 미사일은 본질적으로 쿠바를 위한 것이 아니었거든요.

미국과 소련의 합의 역시 쿠바와 아무런 의논 없이 이루어졌어요. 소련의 입장을 매우 존중하고 신중하게 협상에 임했던 미국은 약소국 쿠바에 대해서는 아무런 배려를 하지 않았고, 동맹국이라고 믿었던 소련 역시 위기 해결 과정에서 쿠바의 이해관계를 전혀 고려하지 않았어요.

쿠바는 자국 영토에서 미국이 점유하고 있는 관타나모만(灣)을 되찾길 원했어요. 쿠바는 더 이상 미국 정찰기가 자국 영토 상공을 비행하지 않기를 원했어요. 쿠바는 망명자들을 이용해 쿠바를 공격했던 중앙아메리카 CIA 기지의 운영이 중단되기를 원했어요.

미사일 철수 계획이 발표된 후 협상이 이어지는 동안 쿠바는 그들의 요구 조건을 양국에는 물론 유엔 사무총장에게도 반복하여 전달했어요. 그러나 이 중 어떤 것도 협상 논의에 포함되지 않았고 쿠바는 협상의 주체로 인정받지 못했어요. 이뿐만 아니라 소련은 위기 종식과 병력 철수 결정에 대해 쿠바인들에게 제대로 알리지도 않았고 협의도 거부했어요. 카스트로는 라디오를 통해 협상이 타결되었다는 소식을 들었고 화를 참지 못해 물건을 집어던지며 "그들은 우리를 어린애 취급하고 있다"고 외쳤다고 해요. 쿠바인들은 위기 상황이 끝나도 소련이 쿠바에서 모든 핵무기를 바로 철수하기를 원하지 않았어요. 그 무기들이 사라지는 순간 바로 미국인들이 침공하여 쿠바를 점령하여 혁명 정부를 무너뜨리고 그들의 말을 듣는 꼭두각시 정권을 세울 것을 우려했거든요. 소련 정부는 쿠바에 미국 정보 기관이 미처 눈치채지 못한 장거리 미사일과 100여 개의 전략 핵탄두를 쿠바에 남겨 두겠다고 약속했지만 그 약속도 지켜지지 않았어요. 1962년 11월 흐루쇼프를 대신하여 쿠바를 방문한 아나스타스 미코얀은 카스트로에게 미사일을 쿠바에 영구적으로 이전하고 쿠바가 독립적으로 핵무기를 관리하는 것은 소련의 법률을 위반하는 것이라 설득하고 핵무기를 다시 반환시켰는데, 그런 법은 당시에 존재하지 않았다고 해요. 동맹국의 수장에게 거짓말을 하고 약속을 어긴 것이지요. 물론 지금에 와서 많은 사람들은 쿠바에 핵무기가 계속 남아 있었다면 제2, 제3의 미사일 위기가 발생했을 가능성이 크다고 생각하여 미코얀의 결정이 현명했다고 평가하기도 해요.

이러한 상황에서 쿠바인들은 조국의 운명이 자기들 의지와 상관없이 강대국에 의해 결정되었다는 사실에 배신감을 느꼈어요. 그러나 초강대국이자 강력한 우방인 소련을 상대로 그들이 할 수 있는 일은 없었고, 심지어 그들의 배신감도 표출할 수 없었어요. 그들이 소련에 불만을 가졌다는 사실이 알려지면 소련은 의심할

여지없이 쿠바와의 관계를 단절하고 석유 공급을 끊어 쿠바의 목을 조였을 테니까요. 카스트로는 소련에 대한 불편한 감정을 공개적으로 드러내 미움을 산 동지이자 친구인 체 게바라가 소련의 압력에 의해 쿠바를 떠나는 것을 지켜볼 수밖에 없었고, 이 나라 저 나라를 떠돌며 혁명 게릴라들의 활동을 지원하던 체 게바라는 결국 볼리비아의 어느 정글에서 미국의 사주를 받은 볼리비아 정부에 의해 비밀리에 처형을 당해 삶을 마감했어요.

흐루쇼프는 동맹국들에게 소련이 쿠바를 지켜 냈다고 자랑스럽게 선포했지만 쿠바인들은 숨겨진 불만을 말할 수 없었고, 그들이 숨겨야 했던 불편한 감정은 2000년대에 들어와서야 당시 쿠바의 여러 문서들이 공개되면서 세상에 알려지게 되었어요.

15

자연 vs 인간:

에뮤 전쟁과 참새 전쟁

인류는 이제 누구와 싸울 것인가?

아래 그림은 오스트레일리아의 국가 문장Coat of arms of Australia이에요. 문장은 중세 유럽에서 기사들이 방패나 겉옷에 자기 가문의 특징적인 문양을 새겨 넣는 관습에서 시작해 그 가문 자체의 상징으로 발전했어요. 문장은 이후 꼭 가문만이 아니라 특정 개인이나 단체의 고유한 특성을 나타내기 위해 만들어졌고 나라, 대학, 지역 자치 단체 등이 고유한 문장을 갖기도 해요. 물론 훨씬 더 복잡하고 다양한 정보를 담고 있지만 기업이나 단체의 로고와 비슷한 기능이라고 할 수 있지요.

오스트레일리아 국가를 나타내는 이 국장의 상단 중앙에 있는 각이 일곱 개인 별은 오스트레일리아의 주와 준주를 상징하며 방패 아래에는 오스트레일리

오스트레일리아의 국가 문장

아의 국화인 황금 와틀 문양이 있어요. 중앙의 방패 안에는 각 주를 나타내는 배지들이 있고 방패의 테두리는 연방을 상징해요. 양쪽에서 이 방패를 들고 있는 동물들은 캥거루와 에뮤예요. 에뮤는 타조보다는 약간 작지만 지구상에서 두 번째로 큰 새이며 캥거루와 마찬가지로 현재는 오세아니아 대륙에서만 서식하고 있어요. 그런데 왜 오스트레일리아 사람들이 1960년에는 공식적으로 국조의 지위를 얻게 되는 이 에뮤와 전쟁을 벌이게 되었을까요?

1918년 제1차 세계 대전이 끝난 후, 전쟁에 참전했던 수천 명의 병사들이 귀국했고 오스트레일리아 정부는 퇴역 군인들이 생계를 유지할 수 있도록 농사와 목축을 할 수 있는 정착지를 제공하는 계획을 세웠어요. 처음에 정부는 정착지 조성을 위해 9만 헥타르의 토지를 구입했으나 이것만으로는 충분하지 못해서 서쪽 변방인 캠피온-월굴란 지역에 정착지를 더 만들었어요. 그러나 정부는 이곳이 에뮤가 번식 후 먹이를 찾아 이동하는 지역이라는 사실을 미처 알지 못했어요.

농부들이 씨를 뿌리고 수확할 때가 되자 생각지 못한 손님들이 들이닥쳤어요. 바로 에뮤 떼였죠. 달콤하고 맛있는 열매가 가득 달린 밀은 사람뿐 아니라 에뮤에게도 매력적인 먹거리였고, 곧 2만여 마리의 에뮤들이 몰려들어 밀을 먹어 치우고 농장 울타리를 훼손하기 시작했어요.

이러한 초유의 사태를 맞은 농부들은 어떻게 했을까요? 보통의 농부들이었다면 아마 농림부 장관이나 관련 부처에 연락을 했을 거예요. 그러나 이들은 베테랑이라고 불리는 퇴역 군인들이었고 당시 국방장관이었던 조지 피어스에게 도움을 요청했어요. 야생 동물 관리에 대한 지식이 전무했던 피어스와 전직 군인들은 이 사태에 대한 해결책은 국장에 새겨진 비공식(당시에는) 국조와 전면전을 벌이는 것뿐이라고 생각했어요. 사실 날지 못하는 새 2만 마리를 살처분하기 위해 군대를 보낸다는 계획은 누가 보아도 터무니없고 신중하지 못한 결정으로 보이지요.

이에 대해 역사학자 존 머리는 정부가 고군분투하는 전쟁 영웅들을 지원하기 위해 구체적으로 무언가를 하고 있다는 것을 국민들에게 보여 주기 위한 선전이었다고 분석했어요. 1929년 대공황이 닥치면서 밀 가격이 하락했고, 정부가 약속했던 곡물 보조금은 지급되지 않았어요. 국가가 약속을 지키지 않자 국민들의 불만은 커져 갔고 딱히 해결책이 없던 정부는 전쟁 참전 용사들의 분노의 대상을 국가에서 에뮤에게로 옮기려 했다는 것이죠.

전쟁에서의 경험을 통해 기관총이 얼마나 효과적인지 잘 알고 있었던 농부들은 피어스에게 기관총 부대를 요청했어요. 피어스가 파견한 군대는 사실 책임자 메러디스 소령과 두 명의 부하에 불과했는데, 그들은 분당 500발을 발사할 수 있는 루이스 기관총과 1만 발의 탄약을 가지고 '전쟁터'로 떠났어요. 국방장관은 전쟁의 성공을 확신했고 심지어 방송사의 뉴스 촬영 감독을 함께 보내 그 과정을 영상에 담도록 했어요. 그는 이 작전이 정부에 대한 좋은 홍보 수단이 될 수 있다고 믿었지만 아무것도 계획대로 진행되지 않았답니다.

1932년 11월 2일, 군인들은 캠피온으로 이동하던 중 50마리 정도의 에뮤 떼를 발견했는데 문제는 새들이 기관총의 사정거리 밖에 있다는 것이었어요. 그들은 지역 주민들에게 도움을 요청해 에뮤들을 사격이 가능한 위치까지 유인했으나 총을 쏠 때마다 에뮤들은 잽싸게 작은 무리로 나뉘어 도망쳤고 기관총은 큰 효과를 발휘하지 못했어요. 이틀 뒤 메러디스 소령은 댐 근처에 있던 1,000여 마리의 에뮤 무리를 공격하기 위해 매복을 지시했어요. 에뮤가 빠른 속도로 달릴 수 있다는 것을 알고 있던 병사들은 에뮤가 사정거리 안에 들어올 때까지 기다렸다가 발포했어요. 그러나 총격이 시작되자마자 새들은 재빠르게 흩어졌고 사살된 에뮤는 겨우 12마리에 불과했어요.

전쟁 6일째에 이미 2,500발의 탄약이 발사되었으나 사살된 에뮤의 수는 불분명했어요. 당시의 기록은 50마리에서 500마리까지 이르는 다양한 수치를 제공하고 있으나 사용된 탄약의 수에 비하면 매우 적은 수였죠. 군인들은 차량을 이용하는 다른 전략을 사용하기로 했어요. 메러디스 소령은 달리는 에뮤를 따라잡기 위해 트럭에 기관총을 장착했지만 울퉁불퉁한 시골길을 달리며 제대로 총을 조준하는 것은 쉽지 않았어요. 게다가 우왕좌왕하던 에뮤 한

마리가 핸들에 엉키며 가뜩이나 불운한 작전에 더 큰 문제를 일으켰어요. 결국 트럭에 치인 한 마리의 에뮤만 희생당했고 작전은 실패로 돌아갔어요.

12월까지 계속된 전투에서 메러디스와 그의 부하들은 패배를 인정하고 후퇴할 수밖에 없었어요. 오스트레일리아 군대가 에뮤에게 패배한 것이었죠. 가져간 1만 발의 탄약을 거의 모두 사용했지만 군인들은 겨우 1,000마리 정도의 에뮤를 처리했을 뿐이었어요.

몇 주 후, 이 실패는 의회에까지 알려졌고, 의회는 만장일치로 더 이상의 군사 개입은 명분이 없다고 판단해 결국 '전쟁 지역'에서 군 병력을 철수시켰어요. 이른바 '위대한 에뮤 전쟁'의 실패는 언론의 조롱을 받았고, 이 소식은 전 세계로 퍼져 멀리 영국에서까지 환경 보호론자들의 비판을 불러일으켰어요. 비록 전투는 끝났지만 종전은 아니었어요. 오스트레일리아 정부는 군대가 아닌 지역 주민들이 스스로 문제를 해결할 수 있도록 탄약을 제공하기로 결정했고, 1934년 6개월 동안 약 5만 7000마리의 에뮤들이 목숨을 잃었어요. 정부는 그제야 무기 제공 외에도 차단 울타리와 같은 다른 대안을 모색하기로 결정했지요. 에뮤의 수는 급격히 줄었고 1974년 의회는 에뮤를 국립공원 및 야생 동물법에 따라 보호종으로 지정했어요.

한편 에뮤 전쟁이 있은 지 30년도 채 되지 않은 1958년에 지구의 반대편에 있는 다른 나라에서는 더 작은 새들과의 전쟁이 벌어졌어요. 1950년대에 중국은 나라를 산업 강국으로 탈바꿈하기 위한 '대약진 운동'을 진행 중이었어요. 이 과정에서 농업은 국가가 관리하는 집단 활동으로 전환되었고 대약진 운동 기간 중 실행된 초기 계획들 중 하나는 쥐, 파리, 모기, 참새의 4대 해충 퇴치 운동이었어요.

여기에 참새가 포함된 것은 잘 이해가 되지 않을 수도 있는데 당시 집단 농장 체제로 전환하며 여러 가지 시행착오를 겪던 중국인들은 곡물 씨앗을 즐겨 먹는 이 새 때문에 농사에 큰 피해를 입었다고 느꼈어요. 중국 과학자들은 참새 한 마리가 매년 4.5킬로그램의 곡물을 소비하며, 참새 100만 마리를 죽일 때마다 6만 명이 먹을 수 있는 식량을 확보할 수 있다는 계산 결과를 제출했고, 마오쩌둥 주석은 이 문제를 해결하기 위해 참새 대소탕 캠페인을 시작했어요. '인간은 자연을 정복해야 한다'는 원칙은 중국인들을 결집시키는 구호가 되었고, 1958년 그는 다음과 같은 유명한 선언을 했어요. "높은 산이 고개를 숙이게 하고, 강이 길을 양보하게 하라." 물론 과학자들 사이에서는 반대의 목소리도 있었으나 이 원칙 아래 소수 의견은 무시되었지요.

1958년 봄, 중국 정부는 참새와의 전쟁을 공식적으로 선포했어요. 오스트레일리아에서는 에뮤 사냥을 위해 기관총이 동원되었지만, 중국인들은 참새가 휴식을 취하지 못하도록 방해해 지쳐서 죽게 하는 방법을 택했어요. 1958년 5월 5일의 미국 《타임Time》 보도에 따르면 베이징에서 참새 전쟁에 참여한 총 병력은 300만 명에 달했어요. 새벽 5시부터 징과 나팔이 울리고 휘파람 소리가 울려 퍼졌어요. 군중들은 혁명가를 부르며 힘차게 전진했어요. "일어나, 일어나, 한마음으로, 수백만 동지들이여, 적의 포화를 무릅쓰고 행진하라."

중국의 4대 해충 퇴치 운동 선전 포스터

베이징 시민들은 거리로 나와 냄비와 프라이팬을 두드리거나 북을 치며 시끄러운 소리를 내어 겁에 질린 참새들이 쉬지 않고 날게 했어요. 그들은 새 둥지를 부수고, 알을 깨고, 새끼 참새를 죽였으며, 보이는 대로 참새들을 새총으로 쏘아 죽였어요. 가장 많은 참새들을 퇴치한 학교, 작업 여단, 정부 기관은 표창과 보상을 받았지요. 당시 베이징 주재 폴란드 대사관은 이 사냥에 참여하기를 거부했지만 사람들은 대사관을 둘러싸고 이틀 동안 북을 울렸고 대사관 담장 안의 참새들도 결국 탈진해서 죽고 말았어요. 이후에 폴란드 군인들은 대사관 안에 있는 참새들의 시체를 삽으로 치워야 했다고 그날의 일을 회상했어요. 베이징에서만 약 31만 마리의 참새가 죽임을 당했고, 중국 전역에서 약 400만 마리의 참새가 퇴출되었어요. 에뮤와의 전쟁에서는 인간이 패배했지만 참새와의 전쟁은 인간의 승리로 끝났어요.

하지만 마오쩌둥이 간과한 부분이 하나 있었어요. 참새가 곡식만을 먹는 것은 아니라는 사실이었죠. 참새가 사라지자 주요 포식자를 잃은 메뚜기와 같은 해충들이 진정한 승자가 되었어요. 참새가 곤충 개체 수를 억제하지 못하자 농작물은 참새가 날아다닐 때보다 훨씬 더 심각한 피해를 입었어요. 그 결과 그해의 농업 수확량은 비참할 정도로 저조했고 특히 쌀 생산이 가장 큰 타격을 입었어요.

1960년 마오쩌둥은 중국 과학원의 조언에 따라 참새 퇴치 캠페인의 전면 중단을 선언하고 4대 해충 목록에서 참새를 빈대로 대체했어요. 하지만 피해는 이미 발생했고 상황은 점점 더 악화되었어요. 곤충들의 범람과 광범위한 삼림 벌채, 독극물과 살충제의 오남용이 더해져 약 3000만 명의 희생자가 발생한 중국 대기근(1958~1961년)의 주요 원인이 되었어요. 아이러니하게도 중국 정부는 이후 소련에서 약 25만 마리의 참새를 다시 수입해야 했답니다.

이 두 가지 에피소드는 인간이 자연에 대한 충분한 이해 없이 급진적인 방식으로 자연을 조절하려고 했을 때 생기는 부작용을 설명하고 싶을 때 사용되는 단골 소재들이에요. 그러나 이런 어리석은 일은 오스트레일리아와 중국만이 저질렀을까요? 1995년 '기후 변화에 관한 정부 간 협의체IPCC'의 2차 평가 보고서는 지구 기후 변화의 주요 원인 중 하나가 인류라는 증거를 제시했어요. 이후 진행된 일련의 평가(TAR, 2001 ; AR4, 2007 ; AR5, 2013 and AR6, 2021)에서도 그 증거들은 점차 강화되었고 기후 변화에 대한 인간의 인위적 영향에 대한 보다 명확한 결론이 내려졌어요. 지구가 생긴 이래로 기후의 변화는 여러 가지 원인으로 계속 발생해 왔으며 인류의 역사는 부분적으로는 그에 대한 적응 과정이기도 해요. 그러나 이제 인간이 반대로 자연에 영향력을 돌려주고 있고 그 결과에 대해서는 이미 여러 과학자들이 입을 모아 경고하고 있어요. 이제 누구도 에뮤 전쟁과 참새 전쟁을 그저 남의 일이라고 말할 수 없을 거예요.

사진 출처

americanhistory.si.edu 116
metmuseum.org 23, 103
nationalarchives.gov.uk 199
wikimedia.org 19, 40, 55, 68, 75, 123, 143, 156, 172, 174, 182, 190, 203, 212, 222, 229
worldhistory.org 18

생각이 많은 10대를 위한
뜻깊은
세계사

초판 1쇄 인쇄 2024년 2월 15일
초판 1쇄 발행 2024년 2월 22일

지은이 | 최은진
그린이 | 나수은
펴낸이 | 한순 이희섭
펴낸곳 | (주)도서출판 나무생각
편집 | 양미애 백모란
디자인 | 박민선
마케팅 | 이재석
출판등록 | 1999년 8월 19일 제1999−000112호
주소 | 서울특별시 마포구 월드컵로 70−4 (서교동) 1F
전화 | 02)334−3339, 3308, 3361
팩스 | 02)334−3318
이메일 | book@namubook.co.kr
홈페이지 | www.namubook.co.kr
블로그 | blog.naver.com/tree3339

ISBN 979-11-6218-283-3 43900